먼지 속에 이는 바람

먼지 속에 이는 바람

김태열 수필집

아득북

머리말

두 번째 수필집 『1cm의 기다림』을 세상에 선보였다. 그 당시 관통하는 단어가 떠올랐다. 포말이었다. 그로부터 3년이라는 세월이 흘렀다. 진창에 빠진 것과도 같은 거친 병마와의 싸움에서 어느 정도 빠져나왔고 코로나 역병이 세상을 덮쳤다. 뜻밖에도 생사가 숨바꼭질할 만한 거리만큼에서 붙어 있고 일상이 너무나 소중한 선물임을 깨닫게 한 대사건이었다. 마침내 팬데믹에서 벗어나게 되었다. 헐! 세월만은 비껴가지 못했다. 매달 꼬박꼬박 들어오는 봉급이 끊어졌고 연금이 주된 소득원이 되었다.

좋은 일, 의미 있는 일도 있었다. 코로나가 유행하는 동안에 대전 시각장애인 여성연합회와 인연을 맺고 '나도 작가다'라는 글쓰기 수업을 4년에 걸쳐 진행하고 있다. 시각에 닫혀있던 시각장애인들의 아픔과 희망을 모아 『어둠도 빛이더라』라는 책을 출간하게 하는 보람도 있었다. 시각장애인들의 아린 상처와 속마음을 들었을 때 무탈하게 사는 지금의 삶이 그대로 위로가 되었다. 그 책은 시각장애인들에 대한 정상인들의 인식을 개선함과 아울러 그들 스스로 자부심을 가지는 뜻밖의 효과로 나타났다. 여성 시각장애인들의 이야기가 수필집 형태로 나온 것은 처음이었다.

중도일보에 풍경소리 필진으로 참여해 3년에 걸쳐 칼럼을 쓰게 되었고 대전일보 한밭춘추에도 칼럼을 잠시 쓰게 되었다. 칼럼은 수필과 결이 조금 다르다. 하지만 글쓰기를 되새김질하고 깊이 있게 바라볼 수 있다는 점에서는 값진 경험이었다.

작년부터 갑자기 생성형 인공지능 시대가 열렸다. 다들 문학의 위기를 말하기도 하고 기회를 말하기도 한다. 인공지능 시대에 글쓰기의 의미는 무엇인지, 글쓰기는 어떤 방향으로 나아가야 하는지 고민이 되었다. 다행히 인공지능이 쉽게 할 수 없는, 글쓰기 분야가 경험을 바탕으로 한 인간의 감정을 다루는 수필이라는 생각이 들었다.

이 기간에 단편소설이 눈에 들어왔고 세계문학의 강물에 조금씩 발을 담그기 시작했다. 체호프, 초이스, 까뮈, 헤세, 카프카의 단편소설들을 읽었다. '문학독서 동호회'를 뜻있는 이들과 함께 만들었다. 평소 눈길이 잘 가지 않았던 문학책을 읽는 즐거움이 쏠쏠한 시간이었다.

내 속에 흐르는 동양고전의 세계를 정리하기 시작했다. 「논어」와 「노자 도덕경」에 대해서 깊이 파고 들어가 나만의 책을 엮었다. 특히 도반들과 노자 공부반을 만들어 매주 한 장씩 원전을 읽고 의견을 나누다 보니 올 8월에 81장의 끝을 보았다.

이 책의 저류에는 노장사상이 흐르고 있다. 관통하는 한 단어는 바람이다. 바람은 자유다. 나는 인생의 2막과 함께 사회적인 굴레에서 풀려나 나다움을 찾고자 했다. 나만의 사유의 무늬를 짜고 싶었다. 그 귀결점은 자유로움이다. 그래서 책 제목을 『먼지 속에 이는 바람』이라고 정했다. 책에 앉은 먼지처럼 기억의 어딘가에 쌓여 있는 감정으로부터의 풀려남을 노래하고자 하였다.

부록에 「논어의 길을 더듬다」와 「노자 도덕경을 따라간 자취」라는 두 편의 글을 덧붙였다. 공자와 노자는 동아시아인들의 인문학적 사유를 이루는 두 개의 큰 기둥이다. 공부하면서 느낀 점을 에세이처럼 쓴 것이다.

끝으로 이 책이 나오기까지 인연을 맺은 이는 많다. 노자를 함께 공부한 도반들과 문학독서 모임에서 만난 시우時雨와도 같은 문우들에게 고마움을 느낀다. 여성 시각장애인의 글쓰기 수업인 '나도 작가다' 수강생들은 교학상장의 길을 걷는 벗들로 온몸으로 쓴 그녀들의 글에서 위로받을 때가 많다. 수필의 길을 함께 걸어가며 좋은 잡지를 주고 길을 넓혀준 최중호 수필가, 남상숙 수필가, 중도일보 칼럼에 인연을 이어준 대전디자인진흥원장 권득용 시인, 대일문인협회 편집위원장 하인혜 시인, 친절한 안내자인 이영옥 이든북 출판사 대표에게도 감사를 드린다.

무엇보다 말없이 지원을 보내주고 초고를 읽으면서 의견을 준 아내와 열심히 살아가는 두 아들 내외, 볼 때마다 얼굴에 웃음꽃을 피우게 하는 준모 진모 손자와 은솔과 리안 손녀에게 사랑한다는 말을 바람에 실어 전하고 싶다.

머리말 … 4

| 제1부 | **인연**

단순한 희망 …13
따분함과 호기심 사이에서 당당하게 …15
아내의 손 …19
K며느리 · K시어머니 …24
방파제는 바다의 경계다 …28
겨울산의 묵언 …33
변신 …37

| 제2부 | **바람의 길**

쇼펜하우어 열풍을 바라보며 …45
먼지 속에 이는 바람 …47
나만의 자유를 찾아서 …52
카페라테 한 잔의 사색 …56
자화상을 그리다 …61
누군가의 뒷모습 …65
일없는 사람의 시선 …69
수필의 지평선 너머 …73
어둠도 빛이더라 …78
석정 시인께 자문자답하다 …82

| 제3부 | **삶의 주름**

    삶은 시간 축적이 필요하다 …89
    문학의 지향점을 생각한다 …91
    세월의 풍상을 이겨낸 자유인, 나훈아 …95
    문경에서 문학을 그리다 …100
    들꽃의 연주 …105
    별난 사람들이 사는 맛 …110
    카톡방으로부터의 사색 …115

| 제4부 | **마음의 지도**

    뜻밖의 위로 …121
    흰빛의 그리움 …125
    나를 멈추게 하는 것들 …129
    우연인 듯 필연인 인생 …133
    비싼 수업료 …138
    어느 여름날의 일상 …143
    대마도의 은은한 불빛 …148
    동유럽은 또 다른 유럽이었다 …153

리뷰 내면에서 피어나는 수필의 세계를 읊다 …174
부록 1. 논어의 길을 더듬다 …184
       2. 노자 도덕경을 따라간 자취 …190

뒤를 돌아보니 똑바로 걷는다고 걸었는데
세상과 불화했음을 말해주듯이
눈 위에 찍힌 발자국은 서로 어긋나 있었다.
자세를 가다듬고 새로운 걸음걸이로 한 걸음 한 걸음 다시 옮긴다.

제1부

인연

단순한 희망

 청룡이라는 택배 상자가 막 열렸다. 이태백은 산문인 '춘야연도리원서'에서 천지는 만물을 맞이하는 여관이고 시간은 끝없는 나그네라고 했듯이 삶에서 희망은 잠시 와서 머물렀다가 이내 떠나는 나그네와 같다. 스쳐 가는 삶이더라도 욕망의 유전자를 지닌 인간에게 만족은 없다. 충족하면 또 다른 것을 찾아 나선다. 제힘으로 걷고 먹는 자유를 누리는 기간이라야 80년도 채 되지 않는 인간이 욕심으로 포장된 갖가지 희망을 품는다. 정작 희망은 한 두어 개만 있으면 되지 싶다. 자신을 돌이켜 삶의 양식을 단순화함은 희망의 다이어트라 할 수 있다.

 현대인에게 몸은 복잡한 욕망의 덩어리이다. 성형과 다이어트 같은 몸만들기 열풍이 그렇고 돈과 명예를 인생 목표로 세워 남과 비교하며 쫓아가는 삶이 그렇다. 몸은 늘 바쁘다. 이제라도 자신에게 주어진 시간과 그릇을 잘 아낄 수 있게 마음의 정리가 필요하다. 정리가 있어도 그만, 없어도 그만인 물건을 버리는 행위이듯 마음에서도 불필요하게 걸쳤던 액세서리를 내려놓아야 한다.

그런 점에서 한병철의 『피로사회』는 여전한 시사점을 던진다. 이질성과 타자성을 부정하는 면역의 시대는 끝났다고 했지만, 코로나 사태와 이스라엘·하마스 전쟁에서 보듯 현재진행형이다. 무엇보다 그는 성과지향 경쟁사회에서는 할 수 있다는 긍정성의 과잉에 빠져 자기 착취로 '번아웃'이나 우울증 같은 정신질환은 늘어나고 마약이 범람한다고 진단한다. 이른바 선진국이라는 우리 사회의 우울한 뒷모습이다. 책에서는 정신병증의 원인을 관조하는 힘의 부족에서 찾는다. 관조는 욕망이 일렁거리는 인생 궤도에서 한걸음 빠져나와 자기 삶을 응시하는 것이라 할 수 있다.

나무가 혹한의 겨울을 나기 위해 불필요한 잎과 가지를 쳐내고 새 봄에 다시 생명의 싹을 틔우듯 행복의 싹을 틔우는 일도 그러할 테다. 가장 행복한 사람은 분주함이 아닌 단순함 속에서 행복을 창조하거나 발견하여 키워가는 사람이다. 소소한 일상에서 가장 몰입한 순간을 찾아 '행복 지도'를 그려가는 삶을 꿈꾸어본다.

따분함과 호기심 사이에서 당당하게

빛이 닫혔다고 어두운 것이 아니었다. 코로나-19 기간 동안 대전 여성 시각장애인연합회에서 대체 학습으로 개설한 '나도 작가다'라는 과정을 몇 년간 이끌면서 시각장애인들이 온몸으로 쓴 글을 편집하고 퇴고해 『어둠도 빛이더라』라는 책을 세상에 내보였다. 보이지 않는 시각장애인을 대상으로 글쓰기를 지도한다는 것이 처음엔 버거웠지만, 서로는 점점 글쓰기의 중요성을 깨닫게 되었다. 앞을 못 보는 그녀들한테서 질곡 같은 삶을 버텨낸 이야기를 듣다 보면 나를 얽매고 있는 고민거리가 사치스럽다는 생각마저 들었다.

법적으로 노인이 되는 나이를 막 지나 처음이자 마지막이 될 실업급여 대열에 합류했다. 앞날은 불행일지 행복일지 모르는 기나긴 궤도를 KTX처럼 쉼 없이 달려갈 터이다. 은퇴 후의 생활은 타인의 시선에서 그런대로 무감無感할 수 있다. 하지만 낯선 곳에 홀로 떨어진 이방인이라도 된 듯했다. 오랫동안 팽팽했던 시간의 속박에서 벗어나니 시간 개념이 일 단위로 바뀌고 주말과 평일이 그다지 구분이 없게 되었다. 헐렁한 마음 한편으로 무언가에 막혀 있기라도 한 듯 조금 막막하기도 했다. 사실 직장생활이라는 게 놓인 환경에 적응해 크기를 맞추어 사는 '코이'라는 물고기의 삶과 별반 다르지 않았다. 지금껏 역할로 그어진 선 안에서 벗어나지 않는 게 당연했다면 이제부턴 선을 넘는 용기도 내어야 후회 없는 삶을 살 수 있으리라.

구속받지 않은 시간 앞에 서니 그날이 그날이듯 단조로움과 권태로움이 반복된다. 특별한 일이 있지 않은 한 '나 홀로'의 일상이다. 신중년의 삶이란 게 부부가 함께 있어도 서로의 차이를 받아들여 조금씩 놓아주는 연습을 해야 하는 시기다. 홀로 훌쩍 어디론가 떠날 수 있는 바람 같은 자유는 기나긴 노동에 대한 충분한 보상일 수 있다. 반면 돌아다니고 싶지 않아 집에서만 지내며 나를 벗하는 자유도 그 나름의 권리이겠다.

딱히 얽매여 할 일이 없기에 스트레스를 덜 받겠지만 건강 시간 돈은 안배에 제법 신경 써야 한다. 삶의 방식을 다시 점검해 시계추의 움직임처럼 균형 있게 맞추어야 한다. 무엇보다 건강은 지금 누릴 수 있는 자유를 뒷받침한다는 점에서 정말 중요하다.

건강에 대한 정보는 너무 많아 무엇을 어떻게 따라야 할지 혼란스러울 때가 많다. 하지만 자신의 육체와 정신의 상태를 잘 알아 몸의 회복탄력성을 유지하게 하는 게 최우선이다. 몸을 지나치게 혹사하지 말고 음식을 절제하고 생각을 단순하게 하면 자연히 그렇게 될 듯하다. 나이 듦에 물리적인 한계는 어쩔 수 없다. 그런데도 욕심대로 몸을 다그치다가 노화의 가속페달을 밟아 한순간에 허물어지는 이를 주변에서 심심찮게 접한다. 건강의 지향점은 얼마나 오래 사느냐가 아니다. 생이 다할 때까지 스스로 먹고 배설하며, 걷거나 타고서 원할 때 어디든지 갈 수 있고, 사유하는 인간으로 살아가다 세상과 작별하는 것이라고나 할까.

돈은 기나긴 생존에 제법 중요한 요소다. 새로운 벌이가 없다면 연금이 주된 수입원이기에 덜 소비하거나 의도적으로 아낄 수밖에 없다. 집이나 소유에 대한 상대적 비교에서 벗어나니 돈의 가장 큰 쓰임은 욕망의 추구가 아닌 사소한 일상의 영위에 있다. 사람과의 인연도 자연스레 오그라드는 관계망에다 격식을 차릴 필요가 없는 만남이 대부분이다. 약속이 있을 때 걷거나 자전거로 가거나 대중교통을 이용한다. 예전에 느낄 수 없었던 풍경 보는 재미가 쏠쏠하다.

문제는 시간을 어떻게 보내느냐이다. 시간은 하얀 도화지를 펼치는 것과 같다. 매 순간 반복되는 일상에서 원하는 그림을 그리기 위해서는 세상을 바라보는 새로운 시선이 필요하다. 굳이 먼 곳을 돌아다니면서 색다른 경험을 쌓지 않더라도 그만이다. 느리게 걷다가 마주치는 소소한 풍경이나 여린 사물에서 낯섦의 의미를 찾아내면 되리. 사물이나 사건을 바라보는 각도도 그에 맞춰 낮추어야 한다. 어느 시인의 말처럼 자세히 보아야 숨어 있는 신비가 드러나리라. 일상에서 불편할 정도의 새로움을 찾아낼 수 있어야 나에게 주어진 날들의 그림을 나만의 색깔로 그려낼 수 있다.

사람은 듣고 읽고 말하고 쓰는 관계 속에서 여물어 간다. 그동안 들고 읽고 말하는 행위는 참 많이 가졌다. 이제 더는 읽고 싶어도 눈이 쉽게 침침해지니 꼭 필요한 책이 아니면 읽지 않게 된다. 게다가 내 말에 귀 기울여 줄 이도 별로 없다. 글쓰기는 그동안 묻혀둔 기억의 감정과 화해하며 생각의 길을 정리할 수 있다는 점에서 나를 자유롭게 하는 친구와 같다. 하나의 점에 불과한 나를 세상과 연결해 주는 매개체다. 사회적 존재로서 유용과 무용 사이에서 번민하는 나를 점검하는 수단이기도 하다.

나이가 드니 자꾸만 움츠려진다. 스스로 마음의 한계를 긋는다. 그러니 보이지 않는 관념의 감옥에 갇힌 신세와 다를 바 없다. 그런 점에서 고독한 글쓰기만큼 사회적 연결망을 만들 수 있는 적극적인 도구는 없다. 지금은 인터넷으로 세상과 소통하는 시대다. 나만의 콘텐츠만 있다면 가상세계와 얼마든지 연결할 수 있다. 글쓰기는 불확실성이 짙어가는 나이 듦에 실존의 의미를 찾아주고 죽어가는 열정을 일깨워주는 안내자와 같다. 그렇지만 나를 드러내는 글쓰기에 머물러서는 안 된다. 자신을 비워내는 글쓰기로 나아가야 마음 깊이 숨어 있는 나의 어린아이를 만나는 행운을 얻을지도.

한없이 존재가 가벼워지는 노을의 끝에 서 있다. 한갓 들풀 같은 삶에서 다시 무엇에 구속되어 살 것인가. 나를 나답게 키우는 시기는 고독을 친구로 삼아야 하는 지금 이후의 시간일 것이다. 엄청난 무게의 압박감으로 다가오겠지만 어차피 길들여지지 않는 들고양이처럼 호기심과 따분함 사이에서 당당하게 시치미 떼며 흘러가면 되리라.

아내의 손

서울대 병원에서 주기적으로 검사를 받는 날이다. 새벽 5시 반 넘어 집을 나섰다. 내가 운전해 대전역 주차장에 주차하고 KTX 출발시간에 맞추기에는 시간이 너무 촉박한 듯했다. 아내더러 대전역까지 태워 달라고 했다. 시간이 빠듯하다 보니 덩달아 마음들이 부산했다. 그녀는 큰 길이 신호로 막히면 익숙한 솜씨로 이리저리 좁은 길을 찾아서 잘도 비집고 나아갔다.

대기 신호를 기다리고 있는데 난데없이 손을 보여주면서 "내 손이 많이 거칠지"라고 묻는다. 순간 무슨 일이 있었던 거지 하고 잠시 생각이 헝클어져 머뭇거렸다.

그제 만난 친구가 "너 손이 왜 그리 가칠해"라는 말을 하더란다. 적잖이 그 말이 귀를 후비고 들어와 마음에 아린 주름을 남긴 모양이었다. 새삼스럽게 무슨 말을 해야 할지 당황스러웠다. "그래 좀 까칠해졌네." 창백한 손을 만져보는 촉감 너머로 밀려오는 안타까움은 애써 무시하고 세월에 삭은 소리로 위로 아닌 위로를 던졌다.

인간과 동물의 다른 점을 꼽는다면 여러 가지가 있겠지만 그중 생물학적인 가장 큰 차이는 무엇일까. 단연 손을 쓴다는 데에 있을 터. 동물 중에서 손을 오로지 도구로 사용한다는 점에서 인간이 유일하다. 물론 침팬지나 고릴라 원숭이 등도 과일을 먹거나 새끼를 안을 때 손을 조금 사용하기도 한다. 하지만 그들의 손은 대부분 이동하거나 먹는 행위에 국한되므로 인간 손의 역할과 도저히 비교되지 않는다.

자식이 갓 태어난 아기 때였다. 손에다가 손가락을 살짝 대거나 뭘 주면 잡는 힘이 어찌나 센지 의아했다. 어째서 그런 힘이 나올 수 있을까. 인간에게서 손이 가진 역할이 그만큼 중요하다는 증거가 아닐지. 뇌과학에서 손을 제2의 뇌라고 하듯이 인간은 손을 사용함으로 인해 문명의 발전을 이루게 되었을 거라고 어림해본다.

예닐곱 해 전 어느 화가한테서 이런 말을 들었던 기억이 난다. "사람의 손 그리기가 쉽지 않아요. 얼굴 그리기보다 더 어렵습니다". 잘 보이는 손이라 그리기가 쉬울 듯하여 그 말이 선뜻 안기지 못했다. 손에 그 사람의 인생이 숨어 있어서 그런 것일까. 손에도 얼굴만큼이나 표현하기 어려운 그 무엇이 있는 것인지 의아함만 들었다.

요즈음 손은 얼굴만큼은 아니더라도 제법 관심과 보살핌을 받는다. 여자의 손이 집안일에서 다소 해방되면서 손도 제법 관리를 받는다. 그렇게 자유를 얻은 손은 스마트폰을 터치하여 신세계를 열거나 취미 활동도 한다. 하지만 중년 여인네들의 손은 여전히 자식에서 손주로 이어지는 육아의 짐을 떠맡아야 하는 신세다.

후배 소개로 만나 연애랍시고 어느 날 처음으로 손을 잡았을 때 여렸지만 나보다 손이 더 큰 듯했다. 그녀도 그때 남자 손이 왜 그리 조그만지 놀랬다고 하면서 이 남자가 자기를 먹여 살릴 수 있을지 걱정했다고 털어놓았다. 어쨌거나 큰손답게 하는 일도 다소 그렇다. 이제 나의 손은 샌님 손에서 돌쇠 손으로 바뀌었고 그녀의 손은 메말랐으니 인생무상의 현주소다.

집안일이라는 게 전부 손으로 하는 일이다. 집에 눌러있으니 실감한다. 그녀는 시집와 지금껏 살림하는 일을 별로 겁내지 않았다. 자식들이 다 결혼한 뒤 선물로 주어진 손자 둘과 손녀도 며느리 상황 따라 돌보았다. 시골 태생이어서 그런지 주말에 시골집에 가면 나무 전지하는 일을 좋아하거니와 겨울이면 메주를 만들어 된장·간장을 담고 틈틈이 청국장·고추장을 만드는 일도 하고 있으니 손을 이쁘게 가꿀 형편이 아니다. 아니 그런 데에 별 관심이 없기도 했다.

누구나 그러하듯 그녀의 손도 세월과 더불어 조금씩 거칠어졌다. 당연하다고 받아들였었는데 같은 나이대 친구한테서 그런 말을 들어서인지 적잖이 충격을 받고 나한테 그런 말을 한 것이다. 그런 사정을 알 수 없는 나는 그냥 툭 던지듯이 무심하게 말했으니 적잖이 서운했을 법도 하다.

이제 그녀는 환갑을 눈앞에 두고 있다. 스물다섯 꽃다운 나이로 시집와 어언 서른여섯 해를 맞는다. 그동안 몸이 크게 아프지 않아 병원 신세를 지지 않았다. 첫 손자가 태어나 일 년간 주말 부부 하면서 육아 뒷바라지하다가 팔꿈치 인대가 늘어나고 염증이 생겼다. 한번 생긴 염증은 틈만 나면 도졌다. 어쩌다 무거운 짐을 옮길 때마다 팔목 관절에서 통증을 느끼니 일을 조금씩 버거워했다. 하지만 손을 쓰지 않을 수 없다 보니 점점 고질병으로 되어갔다. 손을 가만 놔두지 않은 성격은 나이 든다고 고칠 수도 없는 노릇이니 그저 지켜볼 수밖에.

어제도 밤늦게까지 여수 돌산 갓 한 포대기와 알타리무 6단을 씻고 다듬고 껍질 벗기고 소금에 절이고 양념을 만들었다. 이른 새벽부터 갓김치와 알타리김치를 담았다. 김장을 하는 날이 이번 주말인데 자식들이 내려온다고 하니까 미리 혼자서 뚝딱 해치운 것이다.

화가가 유화를 그릴 때 물감을 칠하고 벗기고 다시 반복하는 과정을 통해 독특한 질감을 낸다. 덧칠 과정에서 피나는 노력이 더해질수록 화가만의 고유한 화풍이 생겨나 던져주는 맛이 오묘하다. 그동안 그녀의 손도 가슴 아픈 무수한 사연으로 덧칠되었으리라. 세월이 흘러 그 손은 투박하지만, 인생의 애환을 담고 또 한 가족의 역사를 만든 손으로 되었다. 그녀의 손을 통해서 가족과 집안의 유대가 돈독히 되었고 시부모한테 사랑을 받고 전했다. 그 손안에서 자식들은 제 앞가림할 정도는 되었고, 남편이 보살펴졌고 지금은 손주들까지 사랑의 덕을 입고 있다. 그러고 보니 그 손은 늘 알게 모르게 진정 가족을 먹여 살렸던 생명의 도구가 아니겠는가.

인생의 깊이가 시간의 퇴적층으로 겹겹이 쌓여 있는 그녀의 손이 가족에 대한 헌신의 자국을 새긴 채 점점 말라가고 있다. 이제라도 짐을 내려놓게 해야 하리. 예전의 부드러운 손으로 돌아가지는 못하겠지만 그 손에 기대 반평생 얻어먹은 자의 최소한의 도리이지 싶다.

점점 나이가 들어가니 늙어가는 얼굴보다 손에 더 애정이 간다. 나이 들어가는 부부의 말이라도 때론 가시가 남아있어 가끔 토닥거리기도 한다. 그럴 때 누가 먼저랄 것도 없이 슬며시 손잡고 걷는 게 서로의 마음을 다지는 순간이다. 손으로 전해오는 촉감이 따뜻하지는 않을지라도 은은한 온기 속에서 말 없는 생각을 듣는다. 나이 듦에 사랑의 느낌은 말보다 손으로 전해지는 안타까움으로 확인하는 게 인생의 익은 맛이 아니겠는가.

아내의 손맛에 맛 들여지고 손길에 길들었다. 언제일지 몰라도 이승에서의 부부 인연을 접을 때가 오겠지만 그 손맛과 손길을 그리워하며 꿈꿀지도.

가을이 깊어간다. 오늘따라 겨울을 알리는 듯 유난히 춥게 느껴진다. 이런 날은 모락모락 김이 올라오는 시골의 별빛 담은 된장찌개를 먹으며 언젠가는 다가올 서로의 빈자리에서 느껴지는 애잔한 마음을 더듬어 볼까나.

K며느리·K시어머니

영어 K자로 시작하는 이름을 가진 나라는 필 때를 알 수 없는 꽃봉오리인 존재인 듯했다. 카자흐스탄 캄보디아 케냐 키르기스탄 키프로스 등과 같은 나라다. 그런 K의 이미지를 먼저 코리아가 멋진 꽃들의 향연으로 피워내고 있다. K팝 K영화 K웹툰 K드라마 k문학 K푸드 등 K-한류의 붐이 지구촌에 거세게 넘실댄다. 급기야 우리 집에까지 그 파문이 밀려들었다.

한 해의 마무리이자 일 년 농사의 시작과 같은 게 김장이다. 배추를 사고 소금물에 절이는 한편 집안의 전통에 따른 양념을 만들어 치대고 용기에 넣고 설거지를 하면 끝난다. 고추 마늘 젓갈 등을 준비하는 과정부터 치면 제법 시간이 걸리고 힘든 일이다.

김장하기 위해 미리 찜해 둔 산지에 가서 배추 40포기와 무를 승용차에 싣고 시골에 있는 주말주택으로 갔다. 배추를 다듬는 한편 소금물을 만들고 뿌리 부분을 십자 모양으로 칼집 내어 소금물에 적신 후 소금을 뿌려 준비를 마쳤다. 이전에는 김장을 먼 곳에 사는 처남댁이 와서 하거나 친한 이웃 아줌마들과 품앗이로 했었는데 이번에는 큰며느리와 하기로 하였다. 다음 날 큰아들 내외가 어린 손자 둘을 데리고 결혼 후 6년 만에 처음으로 김장하러 내려왔다.

집에 들어서기가 바쁘게 시어머니와 며느리는 육수를 내고 찹쌀풀을 끓인 다음 미리 준비해둔 갖은 재료를 섞어 양념을 만들기 시작했다. 오늘은 절인 배추의 물기가 빠지면 다음 날 김장하는 일정이니 다소 느긋했다. 때론 세상사는 안개 자욱한 길 가듯이 한 치 앞을 알 수 없다. 아들이 갑작스러운 회사 일로 내일 아침 일찍 올라가야 한단다.

절인 배추를 씻은 후 물이 거의 빠지는 시간인 저녁 무렵부터 김장하기 시작했다. 배추 밑부분을 다듬어 쌓아두면 아내와 며느리는 속을 넣고 치대어 김치통에 차곡차곡 채웠다. 시간이 어떻게 지나갔는지 시계를 보니 3시간이 훌쩍 지나고 있었다. 자정에 가까워서야 겨우 끝났다. 다들 허리가 뻐근하고 피로가 밀려와 기진맥진했다.

아침 일찍부터 아내는 서둘러 식사를 준비하고 아들 내외는 밥 먹고는 바로 올라갈 채비를 한다. 김장하는 일을 처음으로 지켜본 아들은 힘든 일을 끝까지 해낸 자기 아내를 대단하게 여겼는지 덩달아 자부심까지 얼굴에 잔뜩 묻어 있었다.

달뜬 목소리로 엄마한테 말한다. "이만하면 K-며느리지." 일순간 우리 부부는 어리벙벙했다. 역시 관록의 그녀는 고수다웠다. 세월의 무게를 더해 잽싸게 "그럼 나는 K-시어머니겠네." 하고 튕긴다. 한바탕 웃음꽃이 피어났다. 이런 찰나의 햇살 같은 기쁨들로 인해 살아갈 힘을 얻는 것이 인생 아니겠는가.

　요즘 젊은 며느리들은 시가에서 주말에 김장한다 해도 내려오지 않는다고 한다. 실컷 김장해서 보내주면 그나마 잘 먹어주는 것만 해도 고마워해야 하는 세태다. 육아와 맞벌이로 고생하는 처지를 이해하지 못할 바는 아니지만 참 안타까운 일이다.

　김장은 겨울이 시작되는 즈음에 열리는 집안의 큰 잔치 같은 행사였다. 그러기에 지방마다 집마다 특색있는 여러 김치가 탄생하였다. 김장하면서 가족끼리 우의를 돈독이었고 동네 사람들과 김치를 나누며 정이 오갔다. 먹거리가 부족했기에 김치만 있으면 겨울철 땔감을 쟁여놓은 양 든든했다. 가난한 시절이었지만 사람과의 정은 돈독했다. 하지만 농촌을 떠나 도시에서 사는 지금은 가족 간에도 힘들게 함께 할 수 있는 일이 사라졌다. 그만큼 가족 사이의 끈끈한 정도 스멀스멀 지고 있는 듯하다.

　이제는 아스라이 기억 속에 새겨진 그 시절은 추억의 무늬가 되었다. 겨우내 땅속에 묻어두었던 김장 한 포기를 꺼내서 세로로 길게 찢어 밥에 얹어 먹으면 꿀맛이었고 저녁 끼니로 질릴 정도로 많이 먹었던 고구마 빼떼기죽은 먹기 힘든 귀한 음식이 되었다.
　세상이 너무 많이 빨리 바뀐다. 김장하는 집도 줄어들고, 한다고 해도 기껏 10포기 남짓이다. 옛날 잔치 같은 분위기가 영 아니다. 벌써 내 주변에도 김장하지 않고 그냥 몇 포기 얻어먹거나 필요하면 사 먹는 집이 늘고 있다.

　김치는 한국인의 음식 중 가장 특색있는 소울푸드다. 그 밑바닥에 집마다 색다른 맛을 가진 김치가 집안 여인의 세월을 이어 손맛으로 담겨 내려왔기 때문이다. 그런 전통이 있었기에 K김치는 해외에서 갈수록 건강식으로 좋아하는 사람이 많아지고 있는지도 모른다. 그런데도 정작 우리는 영혼 같은 김치를 식탁에서 내려놓고 있으니 아이러니하다.

　아들 내외는 내년에도 김장하러 오겠다고 한다. 장한 며느리이다. 하지만 밀려오는 파도처럼 세월은 조금씩 아내의 손을 갉아 먹고 있다. 그녀의 손맛이 며느리로 잘 이어져 K김치의 실뿌리가 튼실해졌으면.

방파제는 바다의 경계다

희뿌연 안개가 앞을 가렸다. 그 길을 헤집고 걷다 보니 손녀의 두 돌이 다가왔다. 기념으로 작은아들 내외와 함께 3박 4일 일정으로 오키나와 자유 여행을 갔다. 2월의 하늘은 높푸르고 바다는 푸른색 옥색 여린 주황색 등 갖가지 색으로 향연을 펼쳤다. 그 무대 위에서 어린 녀석은 갖은 재롱으로 우리를 기쁘게 했다. 마구잡이로 떼를 써 힘들 때도 있었지만 그것 자체가 싱그러웠다. 이국의 음식을 맛보고 낯선 풍경을 즐기는 쉼표 속에서 기쁨이 봄의 아지랑이처럼 소록소록 피어났다. 이 순간의 즐거움 너머로 아린 기억의 한 페이지가 소환되었다.

두 해 전 백일이 갓 지난 갓난아기를 데리고 올 때만 해도 아찔했다. 엄마의 품에서 벗어난 돌봄이 참 어려운 일일 거라고 단단히 각오했어도 걱정은 이만저만 아니었다. 아이의 울음과 웃음으로 펼친 새장 속에서 허우적거리다 보니 아기를 부모한테 데려다주는 시간에 이르렀다. 그런데 착잡했다. 앞으로 엄마가 어린 아기를 잘 돌볼 수 있을까 하는 말 같지 않은 고민이 살포시 일어났다. 마음속으로 잘 할 수 있을 거라고 여기며 잠시 걱정을 내려놓았다.

손녀의 백일잔치였다. 모처럼 만난 사돈 가족과 함께 화기애애한 대화를 나누며 아기를 이쁘게 잘 키워준 엄마 아빠의 노고를 서로 축하했다. 앞으로도 이런 기쁜 날이 우리 곁에 머물러주리라 여겼다. 행복은 저 멀리 있는 것이 아니라 지금, 이 순간의 느낌이다. 여행길에 잠시 정차한 쉼터에서 운 좋게 아름다운 풍경을 보면서 한바탕 웃고 떠나듯 말이다.

인생에서 행복과 불행은 부평초와 같아 기약할 수 없다. 그로부터 일주일이 지났다. 기념행사 마치고 데리고 온 큰아들네 손자 둘이 부모 품으로 돌아갔다. 이제 좀 쉬려나 했다. 오전에 느닷없이 작은아들한테서 "나 좀 도와달라"는 힘 빠진 목소리가 들려왔다. 너무나 의아해 자세한 사연을 물을 겨를도 없이 부랴부랴 올라갔다. 평소 체력이 약한 며느리가 홀로 육아에 지쳐 거의 탈진한 상태였다. 한동안 육아의 짐에서 벗어나 절대 휴식이 필요한 상황이었다.

아무리 결혼한 자식이라 해도 어려울 때 부모는 무조건 울타리가 되어 주는 게 우리 또래의 운명 같은 자식 사랑이다. 당장 우리 부부가 아기를 돌보는 것 외에는 달리 방법이 없었다. 다음 날 엄마 품이 한창 필요한 100일이 갓 지난 아기를 데리고 운전해 내려오는 내내 갖가지 상념이 먹구름처럼 일어났다 사라지기를 반복했다. 난데없이 벌어진 일이다 보니 당장 일상이 뒤틀렸다. 무엇보다 처음 같은 돌봄이 낯설었다. 자식 키울 때는 어떻게 키웠는지 기억조차 잘 나지 않았다.

갓난아기를 24시간 돌봐야 하니 일상은 아이의 울고 웃는 울타리에서 멈추다시피 했다. 아이가 갑자기 바뀐 낯선 환경에서 잘 적응하지 못하면 어쩌나 하고 걱정되지만, 그저 잘 버텨주기를 바랄 뿐이었다. 아내는 직장 일 때문에 오전에 잠시 외출했다가 점심 무렵 귀가했다. 그때까지 혼자 어린 아기를 돌봐야 했다. 울면 안아주고 기저귀를 갈아주고 분유를 타서 먹였다. 육십 중반이 된 나이에 처음인 듯 낯선 경험이었다.

어떤 날 홀로 아기를 돌보고 있는데 아기가 까닭 없이 심하게 계속 우니 어떻게 해야 할지 몰라 전전긍긍이었다. 그저 스마트폰으로 바쁜 아내만 닦달했다. 아기는 울어 땀으로 젖고 나 또한 지쳐 땀으로 흠뻑 젖었다. 급히 집으로 달려온 아내가 상황을 보고는 "이 더위에 이렇게 집을 덥게 하니 더워서 우는 거지. 에어컨을 틀어야지"하는 소리에 정신이 뻔쩍 들었다. 오월의 때 이른 더위 탓이기도 했지만, 기관지 질환으로 에어컨 바람을 싫어하다 보니 아기 입장을 헤아리지 못해 벌어진 일이었다. 아기 돌봄이 세상에서 최고로 힘든 듯했다. 옛날에는 어린이집도 없었는데 전업주부로 산 아내의 고충이 이제야 조금 느낌으로 다가왔다. 하루 이틀 지나다 보니 아기의 울음소리를 살필 수 있게 되었다. 아기가 우는 원인에는 여러 가지 있지만 대개 배고픔 졸림 축축한 기저귀 문제였다. 조금씩 아기의 상태를 파악하게 되니 울음에 면역이 생기는 듯했다.

이런 뜻밖의 일이 생기기 전까지 누렸던 일상은 마치 아득한 옛날 일처럼 느껴졌다. 약속이 사라지고 뒤늦게 소소한 행복으로 찾아온 자전거 타기도 마음의 여유가 없어 중단되었다. 아파트 복도 계단 난간에 덩그러니 매여있는 자전거는 녹슨 철마처럼 잔뜩 빛바래 보였다. 무엇보다 농사철이라 해야 할 일이 많은 시골집 관리가 걱정이었다. 시골 일이라는 게 혼자보다는 둘이 해야 능률이 오르는 법이고 여자의 손길이 필요한 부분도 많다. 엎친 데 덮친 격으로 유례없는 더위에 가뭄까지 길게 이어지고 있었다. 차로 1시간쯤 걸리는데도 일주일에 두어 번 오후에 물 주러 갔다 와야 했다.

갑자기 맞닥뜨린 힘든 돌봄 탓에 부부간에 관심조차 식을 정도로 아기의 힘은 셌다. 나이 들어 갓난아기를 24시간 돌봄은 생각보다 힘든 중노동이었다. 그래도 우리가 할 수 있는 체력이 된다는 사실에 감사할 뿐이었다. 힘들어도 손녀라는 존재 자체가 선물처럼 주어진 넘치는 행복이라는 말에 절로 맞장구를 쳤다. 아침에 깨면 기저귀 갈고 먹이고 같이 놀다가 잠깐 재우고 아기 안고 바람 쐬러 나가고 저녁에는 씻기고 재우는 단순한 일이 되풀이되었다. 경험 많은 중년의 부부가 조그만 아기의 울음과 웃음에 전전긍긍했다. 아기 돌봄은 아기가 웃으면 덩달아 기쁘고 울면 가슴 에이는 일이다. 무엇보다 손녀의 얼굴에서 웃음이 살아나고 깔깔거리는 소리는 세월과 함께 무덤덤해가는 부부애를 다시 바라보는 자극제가 되기에 충분했다.

약속한 한 달 보름 동안 무사히 손녀를 돌보았다. 며느리도 몸을 좀 추린 듯해서 당분간은 사돈집에서 보살피기로 했다. 다시는 이런 일이 일어나지 않기를 바랄 뿐이다. 손녀의 얼굴에 웃음꽃이 피어나고 아침저녁으로 영상통화를 하는 날을 기다려본다. 돌연히 닥친 시련은 아이와 우리가 한 나뭇가지로 이어진 가족이라는 인연을 새삼 일깨워준 사랑의 선물과도 같았다. 인생은 순풍과 역풍이 시도 때도 없이 부는 바다의 물결을 헤치고 나가는 항해와 같다. 즐거움도 괴로움도 순간 속에 있다. 앞으로도 어떤 풍파가 일상을 가둘지라도 곧 지나갈 뿐임을 알기에 허우적거리지 않을 성싶다.

오키나와를 떠나기 전날, 저녁 무렵이었다. 숙소 근처 해안가에서 바라본 먼바다는 물결이 일어도 앞바다는 잔잔했다. 거친 파도를 막는 방파제가 있어서 그러할 테다. 우리는 자식에게 세차게 들이닥친 인생의 풍파를 막은 방파제 역할을 한 듯했다. 저 멀리 해넘이에 퍼트리는 황금빛 노을이 황홀하다. 마음 깊은 곳에서 잔잔한 기쁨이 번졌다. 이쁜 손녀는 몰아친 세찬 인생의 파도를 기억조차 하지 못할 테지만 지금 같은 행복의 느낌 속에서 무럭무럭 잘 자라기를 기도해본다.

겨울 산의 묵언

하늘에서 하얀 쌀가루를 토해내고 있다. 점점 바람을 타고 사방을 희뿌옇게 물들인다. 서서히 산은 눈에 자리를 내어주고 속으로 들어간다. 겨울 산에 서면 한없이 작아지는 존재가 된다. 훤히 들여다보이는데도 왠지 모를 깊이에 외경심과 두려움마저 들곤 한다.

혈기가 옹골찰 때는 눈이 오면 눈 덮인 산이 좋아 가까운 산에 올랐다. 숫눈길을 걸으며 발밑에서 밟히는 눈의 푹신함, 뽀스락거리는 소리, 하얗게 덮인 설원이 좋았다. 어느 해 눈이 무진장 퍼부었고 그 며칠 뒤 충북 영동 물한계곡 쪽에서 삼도봉에 올랐다. 정상에 오르니 저 멀리 '민주지산'이 지척에 있는 듯 사람들 모습이 보였고 소리마저 들릴 정도로 청명했다. 몇 번 다닌 백두대간 능선길 구간이라 그 산을 향해 눈과 씨름하며 나아갔다. 얼마쯤 갔을까 힘이 빠지기 시작했다. 겁이 덜컥 났다. 시계도 벌써 오후 한 시를 훌쩍 넘기고 있었다. 만일 그때 아랑곳하지 않고 줄곧 나아갔다면 그 산속의 사람이 되었을지 모른다. 그런 일을 겪고 나니 겨울 산 오르기가 겁이 났다.

십여 년 전쯤인 듯하다. 지리산의 어느 골짜기에서였다. 한순간 휘몰아치며 지상의 온갖 것을 끌어모아 날리는 늦겨울의 골짝 바람은 넋을 빼앗아가기라도 할 것처럼 '이~잉'하며 쉼 없이 울어댔다. 한 발짝도 뗄 수 없을 정도였다. 그렇게 무서운 산바람은 지금껏 겪지 못했다.

사계절의 변화는 산에서 가장 뚜렷하게 나타난다. 산은 말없이 있는 듯해도 고요 속에 움직여 스르륵 계절을 품는다. 산색山色은 엷어지고 짙어지면서 철마다 색깔이 바뀌고, 바람과 비, 새와 곤충과 계곡의 물소리로 이루어진 합주곡이 수시로 연주된다. 봄엔 물이 올라 곳곳에서 생명의 푸릇푸릇함으로 활기가 넘쳐나고, 여름이 되면 퍼붓는 비와 쏟아지는 열기에 화답하기라도 하듯 푸르름으로 싱그런 모습을 피워낸다. 가을엔 결실을 쏟아내면서 화려한 색깔로 마지막 비상을 꿈꾸고, 겨울이 되면 우듬지 사이로 드러난 하늘처럼 텅 빈 충만의 속살을 보여주며 가끔 순백의 미를 안겨준다.

그러고 보면 산의 사계절 변화는 사람의 일생과 닮았다. 청춘이 세상에 서기 위해 배움으로 자양분을 얻어 성장하는 가슴 벅찬 시절이라면 장년은 타고난 재능에 갈고닦은 노력과 인연의 도움으로 성취를 향해 분투하는 시기다. 중년이 이룰 것과 이루지 못할 것의 사이에서 번민하며 최고의 순간을 꿈꾸는 때라면 노년은 가면과 허식 속에 묻혀있던 자기의 본 모습을 드러내며 마음의 고향으로 돌아갈 준비를 하는 시기이다.

　겨울이 오면 산은 걸쳤던 온갖 액세서리를 벗어던진다. 홀로 추위와 칼바람에 맞서는 듯 침묵의 무거움을 일러준다. 겨울 산은 선승禪僧의 묵언과 닮았다. 말 없는 고요 속에서의 충만함, 아니 고요함이 던지는 메시지는 어떤 말보다도 더 울림이 크다. 겨울 산은 메마르다. 땅의 충격이 그대로 전달된다. 내딛는 걸음마다 대지의 차가운 아픔을 느끼게 된다. 눈 덮인 산길을 걸을 때는 다른 길을 허용하지 않는다. 시선은 오직 밑으로만 향하고, 생각은 눈 속으로 빨려 들어간다.

　누구나 머무르고 싶은 지점이 있어도 무상無常한 세계라 머무를 수 없다. 도도한 세월의 흐름은 어떤 저항도 허용하지 않는다. 봄 산이 좋아서, 여름 산이 좋아서, 가을 산이 좋다고 머무를 수 없다. 끝내 겨울 산을 맞이해야 한다.

　무한한 자연의 시간과 유한한 인간의 시간은 순환의 서사敍事로 말하면 서로 닮은 꼴이다. 사람은 세월 따라 누구나 겨울 산이 된다. 몸은 쪼그라들고 풍성했던 머리칼은 서리 맞은 풀처럼 하얗게 눌러 앉고 머리 정수리 쪽에는 분화구처럼 빈자리가 생긴다. 모두 버리고 비워야 할 때가 되었음을 알려주는 증표이다. 겨울 산에 서면 고독의 시간과 만난다. 모든 생각들은 서글픔이 펼친 공간 안으로 빨려 들어간다. 독백만이 시간의 여백을 채울 것이다. 그동안 걸쳤던 이름 인연 재산 등을 다 내려놓고 맨몸으로 삶의 저쪽을 응시해야 한다. 이제 들어가면 영원히 다시 돌아올 수 없다.

　하지만 끝나면 다시 시작이라는 말처럼 계절이 돌고 돌 듯이 우리

생도 유전流轉 한다. 내가 뿌린 씨앗이며 내가 흘린 노력이 헛되지 않는다면 나를 기억하는 사람들에게 봄날 들꽃 같은 잔잔한 속삭임을 건네줄 수 있을지 모른다. 나를 추억하는 이들에게 기억되고 싶은 나와 기억되는 나 사이에는 머리에서 가슴까지의 거리가 있을 것이다. 그게 인생을 어슬렁거린 자의 흔적이 아니겠는가.

시간이 점점 빨리 흐르는 것을 보니 머지않아 인생의 겨울 산에 서게 되리라. '킬리만자로의 표범'이란 노래 가사처럼 고독을 벗 삼으며 그 산의 고요가 품어내는 속살로 들어가 사라져야 한다. 새삼 삶의 유한성 앞에 흐르지 않은 눈물이 고이기 시작한다.

온 산이 하얗게 덮였다. 모처럼 뒷산 겨울 산행에 나섰다. 뒤를 돌아보니 똑바로 걷는다고 걸었는데 세상과 불화했음을 말해주듯이 눈 위에 찍힌 발자국은 서로 어긋나 있었다. 자세를 가다듬고 새로운 걸음걸이로 한 걸음 한 걸음 다시 옮긴다. 한 사내가 흰빛과 적막만이 묻혀있는 숲속으로 서서히 스며들며 걸어가고 있다.

변신

함께한 시간을 돌아보니 안개 너머 희미한 기억이다. 보금자리를 만든 지 어언 서른 몇 해의 세월이 흘렀다. 그동안 서로의 역할 분담은 간명했다. 시의 내재율처럼 보이지 않는 가운데 일상의 리듬으로 자리 잡았다. 동물의 세계처럼 한쪽은 가시덤불 우거진 들판에 나가 가족의 생존과 양육에 필요한 것들을 줄기차게 구해왔다면 다른 한쪽은 새끼들을 넓은 가슴에 품고 보살피고 키워서 울타리 밖으로 내보냈다.

남자는 부엌을 기웃거리며 안 된다는 관념은 어릴 적부터 마음속 깊이 심어져 나무의 나이테가 늘어나는 것만큼이나 단단해져 갔다. 결혼 후 청소와 설거지는 애써 남의 일인 양 외면하는 남자의 길은 한국에서 태어난, 그것도 경상도에서 태어난 사내로서 당연히 걸어야 했던 운명과도 같았다. 자연스레 바깥사람과 집사람으로 구분되었다.

주말에 집에 있을 때 어쩌다 냉장고 문을 열고 찾는 순간 그 무질서함에 찾기를 포기하곤 잔소리를 할라치면 집사람은 애먼 냉장고 탓만

했다. 한창 커가는 아이들의 마구잡이 장난질은 잊은 채 정리·정돈은 나의 일이 아니라는 소리만 늘어놓았다. 집은 싸움터에 나가서 잘 버틸 수 있게 휴식을 취하는 공간이고 집안일은 허드렛일로 아내만의 전유물로 여겼다. 페미니즘이라는 광풍이 불기 전이라 바깥사람으로 머물러 있어도 끄떡없었다. 아내는 늘 집에 있는 사람이란 뜻으로 집사람이라고 불렀고 다른 사람에게도 그렇게 소개하였다.

아내는 그렇게 그 호칭을 인내심으로 달고 살았다. 아이들의 돌봄에서 한 눈 뗄 수 있어 부업으로 조금씩 바깥일을 해 나가도 변함없이 집사람이었다.

중년에 들어서면서 집안일이 조금씩 눈에 들어왔다. 집사람의 역할이 호락호락하지 않음이 어림짐작 되기 시작했다. 집에서 하는 일을 넌지시 바깥일에 견주어 보면 빠지지 않았다. 어쩌다 혼자 집에 있기라도 하는 날엔 반복해서 감당해야 하는 소소한 일에 제풀에 지쳤다.

세월 따라 집사람은 조금씩 "어구 팔이야, 허리야" 하며 육체적으로 힘들어하는 게 눈과 귀로 감지되기 시작했다. 인생의 무게에 몸이 삭으며 아파하는 모습이 안쓰러워 한 번씩 설거지나 청소, 빨래 널고 개기 등을 거들기 시작했다.

올해, 긴 직장생활을 끝마치고 아예 집에 눌러앉게 되었다. 딱히 오라고 하는 곳이 없으니 집에 머무는 시간이 많아졌다. 아침밥 먹고 나면 설거지하고 청소기로 바닥 밀고 세탁물이 있으면 빨래 너는 게 일상이 되었다. 집안일이라는 게 돌아서면 반복이고 은근히 스트레스가 쌓였다. 느릿느릿 일을 대충 마무리한 후 커피를 마시면서 음악을 들는 시간은 달콤한 쉼이었다.

일주일에 두어 번 오후에는 가벼운 책과 신문을 넣은 '백팩'을 메고 자전거 타고 갑천 변에 나아가 페달을 밟았다. 라이딩이 반환되는 지점에서 커피숍에 들어가 한잔의 커피를 마시면서 신문과 책을 뒤적거리며 세월을 풀어놓는 시간은 어찌지 못하는 고독을 위로하는 선물이었다. 그렇게 집안에만 있으면 고이는 스트레스를 바람결에 풀고 오후 6시경 귀가하였다. 집사람은 용돈 정도의 돈을 버는데도 9시경 출근해서 오후 늦게 퇴근했다. 내가 하는 일은 이미 집사람에 가까운데도 아내가 집사람이라는 생각에 젖어 청소와 정리 문제로 여전히 한 번씩 쓴소리를 쏟아냈다.

어느 날이었다. 느닷없이 집사람이 나더러 "집사람 잘 지내"라는 말을 거는 것이 아닌가. 이게 뭔 소리. 순간 어안이 벙벙했다. 귀를 의심하기까지 했다.
재차 상냥하지만 똑같은 소리가 들려왔다.
"집사람!"
아내가 힘들까 봐 거든다는 생각으로 집안일을 한다고 했는데 졸지에 타의에 의해 집사람으로 '변變'하고 말았다. 기가 막히고 어처구니가 없었다. 세상이 어쩌고 저쩌고 해도 나를 중심에 놓고 생각했는데 어느새 가족이란 울타리의 변방으로 밀려난 게 아닌가. 그것도 마뜩잖은데 아예 집사람이 주도권을 쥐고 과거의 서러움을 보상받기라도 하듯 제대로 된 역할 분담을 선언한 것이다. 하긴 곰곰이 생각해보니 징조는 차고 넘쳤다. 이미 아내를 중심으로 가족의 대소사가 진행되고 있었고 아들들 내외, 손자들과 통화하는 시간을 보거나 집안일이나 바깥일의 결정에 나는 그저 빙빙 겉돌 뿐이었다.

아프리카 초원 세렝게티를 지배했던 사자 왕 '밥 주니어' 기사를 읽었다. 7년간 갈기를 날리며 초원을 호령한 그 수사자도 세월의 흐름 앞에서는 지배당할 뿐이었다. 그의 최후는 처연했다. 외부에서 자기 영역을 침입하여 들어온 젊은 수사자들의 공격을 되받지 않고 고승처럼 육신을 공양했다. 그는 그동안 엄청난 위엄으로 사자 집단의 무리를 이끌어 SNS을 타고 사람한테까지 알려진 제법 유명한 사자였다. 그런 그도 권력을 내려놓는 과정은 무정한 야생의 법칙을 따라야 했다. 집단의 품에서 더는 암컷의 돌봄을 받지 못하고 자기의 운명을 아는 양 동생과 함께 담담하게 최후를 받아들인 것이다.

인간세계라고 다를 게 없다. 남자도 나이 들어 바깥일을 내려놓는 순간 늙은 수사자 신세가 되고 만다. 힘없이 입만 빠르고 옹고집에 무위도식하는 동물을 좋아해 줄 사람은 참으로 드물다. 문명 세계에서는 내가 지켜온 울타리를 넘어 공격하는 젊은 수사자는 없다. 하지만 내 맘속에 요동치는, 여전히 자신의 분수를 모르는 망상과 가끔 심기를 건드리는 아내의 잔소리가 또 다른 수사자가 아닐는지.

동물의 세계는 힘의 논리에 따라 지배당할 뿐이지만 인간의 세계는 이성의 세계이기에 역할 분담을 통해 공존할 수 있다. 수사자의 위용은 없어도 남편이라는 이름에 만족하면서 지내야 한다. 갈기를 날렸던 수사자라는 의식마저도 기억의 실타래에서 끊어내야 버텨내리라.

바싹 엎드려 정해주는 집사람의 역할을 행하면 울타리 안에서 그럭저럭 살아남을 수 있을 테다. 어느새 수사자로 변신한 집사람의 눈치 주기에 때론 숨어버린 수사자의 갈기가 돋아나지만 그뿐이다. 서글퍼도 참아야 울타리 밖으로 튕겨나지 않는다.

새삼 집사람이 낮은 자리에서 철없는 아이들을 보듬고 키워냈던 순간순간이 말없이 울음을 속으로 삼키는 일의 연속이었음을 깨닫는다. 이제야 나도 철이 좀 드는 모양이다.
사람은 생각하는 동물이다. 기백도 없고 쪼그라든 신세가 처량하기는 하여도 기품있게 최후를 맞이하고픈 마음이다. 누리는 삶이 아닌 짊어진 역할을 말없이 행하다 거추장스러운 존재가 되기 전에 조용히 사라지고 싶다. 새삼 나이 듦의 무게가 무겁게 느껴지는 까닭은 집사람으로의 '변신' 과정이 그리 만만하지 않아서 그런 것일까.

조용히 눈을 감는다. 생각을 가다듬어보지만
갖가지 잡념들이 떠쳐나온다.
마치 내 몸이 욕심이 일으킨 먼지로 변신한 듯하다.
그 속에서 이는 바람은 찰나같이
사라지는 별별 허상을 일으키는 것이 아니겠는가.

제2부

바람의 길

쇼펜하우어 열풍을 바라보며

염세주의 철학자로 알려진 쇼펜하우어가 작년부터 갑자기 우리 곁에 나타났다. 독특한 캐릭터에 통념을 허무는 글들이 그의 주특기다. '당신의 인생이 왜 힘들지 않아야 한다고 생각하십니까', '40대에 읽는 쇼펜하우어' 등 20여 종이 출판되고 있어 서점가에서는 그 열풍이 거세다.

그는 31세에 발표한 '의지와 표상으로서의 세계'로 학계의 주목을 받고 베를린대학에서 헤겔과 함께 강의하게 된다. 하지만 욕망의 근원을 중시하는 그의 학문 성향이 헤겔이 이끄는 이성 중심의 시대 상황과 맞지 않아 좌절한다. 그는 물러나 침잠의 긴 시간을 버텨낸 후 64세에 산문집인 '소품과 부록'을 출간한다. 이 책이 인기를 끌고 덩달아 '의지와 표상으로서의 세계'도 주목을 받고 개정판을 내게 된다. 자기 전에 늘 권총을 옆에 두었다고 하는 그는 오히려 72세까지 장수했으며 편안한 죽음을 맞이했다고 한다.

실존주의 철학의 맹아萌芽로 알려진 그의 글이 우리 사회에 새삼 소환되는 이유는 무엇일까. 아마도 코로나를 힘겹게 견디고 나니 곧 닥친 경제 위기, 영토·종교전쟁처럼 합리적으로 이해하기 힘든 현실에 대한 실망감이나 불확실한 미래에 대한 불안이 반영되었을 듯하다. 그동안 인터넷으로 세상이 평평하게 연결되어 있고 이성의 힘이 그 어느 때보다 강하다고 생각했는데 어느 순간 뒤죽박죽된 현실의 민낯을 정면으로 마주하게 되면서 위로를 받고 싶어 했을지도 모른다. "인생은 고통과 권태 사이에서 오락가락하는 시계추와 같다."라는 말에서 보듯, 그는 독창적인 수사법으로 불합리한 사회를 버텨야 하는 우리에게 연민의 기운을 북돋아 준다.

쇼펜하우어 열풍의 중심점에는 늘 욕망으로 울퉁불퉁한 인생에서 '왜 살아야 하는가'라는 궁극의 질문이 놓여 있다. 그는 표상을 만드는 인식의 틀을 뛰어넘어 의식의 심연으로 깊숙이 들어가서 우물에서 물을 긷듯 지혜를 건져 올렸다. 우리는 그의 글을 통해 삶이 힘들더라도 무탈하게 사는 지금이 행복임을 느끼고 싶어 하는지도.

먼지 속에 이는 바람

 장마철이라 비가 여러 날 오고 있다. 책장에서 쿰쿰내가 새어 나는 듯해 책장을 닦으며 책의 윗면을 문질러 보았다. 누리끼리한 먼지, 까만 먼지도 묻어 나왔다. 한동안 눈길이 가지 않아 그냥 꽂혀 있는 책들이다. 욕심에 이끌려 사서 보고는 언젠가는 필요할 듯해 진열해 놓고 있었다. 책과도 시절 인연이 있는 것처럼 더는 찾지 않았으니 먼지만 켜켜이 쌓이게 되었다. 하지만 앞으로도 그 책들과 대면할 인연이 그다지 없을 듯하다. 희미하게 드러나기 시작하는 생의 종착점을 헤아려 눈 딱 감고 버려야 하는데 그 또한 욕심으로 어쩌지 못한다.
 계속 먼지가 쌓이고 책에서는 냄새가 스멀스멀 기어 나올 것이다. 단순한 삶, 충만한 삶은 불필요한 것들을 버리는 데서부터 시작한다. 아직도 헛된 생각이 이끄는 삶에서 벗어나지 못하는 듯해 씁쓸하다. 욕심은 살아있는 이의 마음을 서서히 굳어버리게 한다. 아니 하찮은 것들에 집착하게 만든다.

어릴 적 겨울부터 초봄까지 북서쪽에서 황사가 하늘을 누렇게 덮으면서 자주 불어왔다. 다들 황사가 몸에 나쁜지에 아랑곳하지 않고 바깥에서 뛰어놀았다. 그때는 일상생활에서 먹고 사는 문제가 아니라면 무심한 듯 무관심했다. 1990년대 접어들면서 황사가 몸에 좋지 않다고 하는 기사가 뜨곤 했다. 황사에 중국발 오염물질이 섞여 있어 그렇다는 거였다. 중국이 긴 잠에서 깨어나 굴기하니 지구환경이 몸살을 앓고 서해로 맞대고 있는 우리가 직격탄을 맞고 있다. 곧이어 미세먼지 주의보가 나타났다. 날이 추울 때는 사라졌다가 포근해지면 어김없이 하늘을 희뿌옇게 덮었다. 미세먼지는 1군 발암물질로 지정되었다. 어느 해부터 초미세먼지라는 낯선 용어가 등장하더니 점점 출현 빈도가 늘어났다. 이젠 포탈뉴스에 미세먼지 항목이 들어가 있다. 기상청에서는 미세먼지가 나쁨 수준이면 불필요한 외출을 자제하고 창문도 열지 말라고 권고한다.

 황사가 지구의 율동으로 자연스럽게 나타난 것이라면 미세먼지는 문명이 만들었다. 인간의 필요로 만들어진 그것이 되돌아와 인간을 힘들게 하고 있다. 미세먼지가 심한 날은 마스크를 하고 집을 나서야 한다. 어릴 적에는 마스크를 구경조차 하지 못했는데 오늘날 그것은 생활필수품이 되었다. 우리는 점차 그런 세상에 익숙해져 간다.

 문명의 발전은 지구의 자연적인 리듬을 어기고 이상기후라는 현상을 초래했다. 어느덧 기후위기라는 말이 일상생활에 깊숙이 들어왔다. 전례 없는 극한 호우와 이상 가뭄, 산사태와 산불이 연례 행사처럼 지구촌 곳곳에서 일어나고 있다. 사막의 나라 두바이에서 일 년 동안 내리는 비가 12시간 만에 내려 난데없는 물바다를 이루었다는 소식이 전해졌다. 올해 장마철에는 장대비로는 실감이 되지 않는 비를 두고 '폭포비'라는 용어까지 등장했다.

　기후 위기가 아무리 심각하다 해도 당장 나한테 닥친 문제가 아니다 보니 일상이 늘 바쁜 우리에겐 먼 나라의 이야기로 여길 뿐이다. 우리는 점점 타인의 불행에 무관심해진다. 아니 눈에 보이는 것들에 현혹되어 정작 자신에게조차 관심을 쏟지 못한다. 그러니 갈수록 자신이 무엇을 원하는지도 모르게 무작정 끌려가고 있다. 다들 홀린 듯 관심을 돈이나 권력으로 바꾸어 가는 누군가가 가리키는 곳으로 우루루 달려간다.

　문명의 성취가 미세먼지를 일으킨 것처럼 그 속에서 성공이나 희망을 핑계로 생긴 욕심은 먼지처럼 나의 내면에 쌓여갔다. 욕심은 계속 또 다른 욕심을 불러 그만둘 수 없고 멈출 수도 없다. 자본주의 사회는 욕망을 먹고 산다. 그 시스템 안에서 개인은 대중에게서 관심받거나 거래되는 사람이 되기 위해 끊임없이 자신을 몰아쳐 매력 있는 상품이 되고자 노력한다. 다행히 나는 쉬었다 갈 수 있는 아름드리나무가 되지 못했고 눈에 잘 띄지도 않았기에 나의 그릇 범위 내에서 그럭저럭 버텼다.

　세월이 흘러 달리던 생존 궤도에서 내리니 공간의 크기가 줄어들고 늘 쓰는 시간의 단위는 커졌다. 시간이 헐렁하니 책에 내려앉은 먼지처럼 마음속에 켜켜이 쌓였던 기억의 창고에서 먼지 같은 냄새가 가만 가만 올라왔다. 생존경쟁에 있어 어쩔 수 없이 욕심으로 쌓인 것들이다. 인간관계라는 바람을 타고 감정의 소화불량으로 달라붙은 아린 기억은 인연의 부산물로 미세먼지와 같다. 돌이켜보면 내가 주워듣고 읽고 배웠던 것들을 비롯해 쓴 글, 했던 말들은 모두 다 먼지같이 하찮은 것들이리라.

이성의 작용은 기준을 들이대어 논리의 틀 안에 머물러 있기를 원한다. 하지만 이성에 걸리지 않아 의식의 심연으로 내려간 감정의 파편들은 먼지처럼 쌓여 있다가 시도 때도 없이 튀어나온다. 이것들은 대체 어디 있다가 청하지도 않았은데 불쑥 나오는 것일까.

조용히 눈을 감는다. 생각을 가다듬어보지만 갖가지 잡념들이 튀쳐나온다. 마치 내 몸이 욕심이 일으킨 먼지로 변신한 듯하다. 그 속에서 이는 바람은 찰나같이 사라지는 별별 허상을 일으키는 것이 아니겠는가. 인생에서 가져갈 것, 남길 것이라곤 무엇이 있으리오. 그냥 정처 없이 일었다가 가는 곳 없이 사라지는 바람처럼 훌훌 가면 그뿐이련만.

인연을 끝마치고 처음 온 곳으로 떠날 때 바람 한 점, 먼지 한 톨 가져가지 못한다. 인생은 한바탕 일어난 바람 같을 뿐이다. 지나온 길 돌아보니 인연으로 불었던 바람 앞에 우왕좌왕하였고 시답잖은 욕심에 눈이 멀어 끌려다녔다. 내 속에 쌓여 일어나는 감정과 욕심들은 결국 미세먼지처럼 내려앉았다. 이제라도 그 감정으로부터 자유로워지기 위해서는 나 자신을 닦아내고 비워내는 것밖에 없으리.

아직은 가야 할 길이 남았지만 이젠 타인과의 거리에서 오는 감정으로부터 자유로워지고 싶다. 어쩌면 세상이 토해내는 거창한 것들은 애당초 먼지에 불과할지 모른다. 인연으로 빚어진 관계가 비록 먼지 속에 일어난 바람에 지나지 않을지라도 그 속에서 부대끼며 살아야 한다. 아니 먼지 같은 존재로 받아들이는 것이 세상을 더 살만하게 만들지도 모른다. 세상살이가 다 먼지 속의 이는 바람이런가.

나만의 자유를 찾아서

요즘 농촌은 소멸사회로 빨리 들어가고 있음을 실감한다. 대전과 가까운 옥천과 금산만 하더라도 젊은 농부를 보기가 어렵다. 갈수록 농촌을 둘러싸고 있는 외부환경은 녹록하지 않다. 기후변화로 인한 이상 가뭄과 극한 호우에 취약하고 겨울에도 혹한 일수가 줄어들어 해충 발생빈도가 늘고 있다. 농약 규제 강화로 저독성 농약 사용에 따라 농약 살포 비용과 노동도 만만찮다. 기후는 통제될 수 없기에 전통적인 방법으로 농사를 지어 일정한 소득을 벌기는 어렵다. 그래서 젊은이들은 돈을 좇아서, 자식들 교육을 위해서 도회지로 떠나고 있다.

몇 년 전부터 시골 구석구석에 앙증맞은 집들이 들어서기 시작했다. 일명 농막이라 부르며 정화조 뚜껑 노출 면적까지 합쳐 건축면적이 20평방 미터의 집이다. 지인의 초대로 들어가 보니 제법 설비를 갖추고 있어 생활에 불편함이 없어 보였다. 그들은 그곳을 자신만의 여유로운 삶이나 제2의 출발을 꿈꾸는 실험실로 삼고 있다. 귀촌이나 5도 2촌과 같은 생활인구 형태로 편입된 이들은 시골 공동체의 쓸쓸함을 메우고 있다.

 젊은 시절 읽은 도연명의 귀거래사가 기억에 새겨진 문장처럼 나를 전원으로 끌어당겨 은퇴하면 전원생활을 꿈꾸었다. 뜻밖에 오십 대 초반에 묘한 인연으로 대전과 이웃한 금산에 전원주택지를 사게 되었다. 워낙 갑자기 일어난 일이라 2년쯤 지나 주말주택을 지었다. 직장 일로 주말부부 생활을 하면서도 도시와 시골을 오가는 두 집 살림을 시작했다. 봉급생활자 대열에서 내리니 시골과 도시를 오가는 생활이 일상화되었다. 시골집은 상주하는 곳이 아니다 보니 불편한 점도 많고 돈도 더 든다. 하지만 주말에 텃밭 일과 정원 가꾸기를 하면 시간이 어떻게 지나갔는지 모를 정도다.

 전원생활의 재미는 뭐니해도 기다림과 바라봄이다. 해가 바뀌면 벌써 마음은 앞질러 봄을 기다린다. 올해는 텃밭에 무엇을 심을까 궁리하는 것만으로도 행복에 젖는다. 오월의 곡우穀雨가 지나면 모종을 심거나 씨를 뿌린다. 6월 하순부터 수확의 기쁨이 찾아온다. 쑥쑥 자라는 식물을 보며 말을 건넨다. 이쯤 풀과의 전면전이 시작된다. 시골집에는 가끔 도회지 지인들이 찾아온다. 처음 방문하면 오자마자 무엇이 있을까 하고 두리번거린다. 아파트에 사는 단조로운 일상과 다른 것에 대한 호기심이 생기는 모양이다. 올해도 7월 초 문우들이 찾아왔다. 차에서 내리자마자 화분에 심겨있는 블루베리 나무에 눈길을 맞추더니 검은 열매를 먹느라 정신없었다. 직접 따서 먹기는 처음이란다. 보이는 것들에 한동안 눈길이 팔려 화단이며 텃밭을 가꾼 노력은 관심 밖이다. 이처럼 전원에 깃댄 텃밭 농사의 기쁨은 결실이고 나눔이다.

나이가 들면 대부분 직업전선에서 내려온다. 젊을 때처럼 스트레스를 받으며 해야 할 일은 없다. 자기만의 리듬과 방식대로 살면 된다. 흔히 돈 벌기 위해 하는 노동은 일이라고 여기면서 자기만의 가치를 창조하기 위한 노동은 취미라고 생각한다. 굳이 취미와 일을 구분할 필요는 없다. 자기가 하고 싶은 것을 통해 만족을 느끼고 시간을 보람있게 보낼 수 있다면 그만이다. 퇴직 후의 선택은 오로지 자신의 몫이다. 그동안 쌓은 가치관에 따라 인생경로가 다르듯 저마다 원하는 곳에서 자기만의 시간표대로 나아가면 된다.

남들보다 일찍 시작한 5도 2촌 생활은 돈과는 거리가 멀었다. 하지만 자리를 잡은 텃밭이나 정원을 보면 뿌듯하다. 퇴직 후 널려있는 시간에 도시에서만 지냈으면 인연의 분주함에 빠지거나 단조로움을 이기지 못해 즐길 거리나 소일거리를 찾았을지도 모른다. 하지만 생산성과 창조성이 없는 행위는 열정을 불러일으킬 수 없다. 시골에서는 수확의 기쁨을 맛보는 생산이 있고 자기 힘으로 풀어야 하는 일이 늘 있다. 연금으로 어느 정도 돈의 압박에서 벗어날 수 있으면 일하고, 쉬고, 만들고, 노는 게 다 자유의지에 달려있다. 그런데도 종일 몸을 움직인다. 자신의 취향대로 정원이나 집을 꾸미고 성취감을 맛볼 수 있다. 단순한 열정과 희망이 생긴다. 봄부터 가을까지 텃밭에서 유기농으로 기르는 상추·가지·토마토·오이·부추·고추 등으로 소박하지만 질리지 않는 한 끼를 차릴 수 있다.

　자신만의 속도로 허허로운 자유를 꿈꾼다면, 고독을 견디고 일상생활에 약간의 불편을 견딜 수 있다면 시골살이는 즐거운 여행이다. 십 몇 년을 시골과 도시를 오가다 보니 달과 별, 구름과 산, 주변에 있는 식물들은 말 없는 말벗이 된다. 해 질 무렵 노을을 보면 허무감이 아닌 무언가를 했다는 소소한 성취감이 밀려든다. 분분한 인연에서 비켜 있으니 비로소 잠자고 있는 내가 깨어난다. 내가 꿈꾸었던 여유로운 자유를 느낀다. 인생에서 가장 행복한 순간은 바로 지금이 아닐는지.

카페라테 한 잔의 사색

평일 오후, 커피숍으로 떠나는 나들이 시간이다. 특별한 약속이 없으면 걷거나 자전거를 타고 운동할 때 꼭 들르는 2시간 남짓 걸리는 소소하지만 소중한 일과다. 오늘은 어떤 커피숍이 기다리고 있을까, 자주 가는 곳은 있어도 딱히 정해놓지는 않는다. 자기만의 색깔로 맛과 멋을 내는 집이면 좋다. 무엇보다 신문과 책을 보면서 침잠하는 시간이기에 소란스럽지 않아야 한다.

이때 으레 카페라테를 주문한다. 라테가 나오면 커피잔을 위에서 내려다본다. 스팀 우유가 한 폭의 그림으로 피어 있으면 보는 것만으로 흐뭇해진다. 정지해 있는 듯해도 에스프레소, 스팀 우유는 순간의 경계를 이루며 차별이 없는 세계로 각자의 길을 간다. 묘한 게 마음인지라 '라테아트'로 빚은 한 폭의 아름다운 모습에 반해 음미하고 싶지 않은 순간이 간혹 있다. 그럴 때 커피 한잔의 공간에 갇혀 잠시 사색의 날개를 펼친다.

하지만 라떼는 가져오는 즉시 한 모금 마셔야 한다. 스팀 우유의 부드러움이 목에 착 감긴다. 목구멍으로 넘어가 식도를 타고 천천히 몸 속 좁은 공간으로 내려간다. 마음은 느긋해진다. 한 모금으로 이 순간의 행복을 느낀다. 다시 한 모금으로 세파에 부딪혀 닫혀있는 마음의 문이 스르륵 열린다. 잔 안의 형상을 본다. 잘 드러나지 않지만 미세한 떨림으로 '라테아트'의 그림은 번진다. 커피잔 안의 공간은 겉으로는 작다. 하지만 마음의 눈으로 보면 바로 이곳은 순간순간 생성과 소멸이 일어나고 있는 광대한 우주다. 스팀 우유와 에스프레소의 만남에 의해 분자들의 미세한 떨림으로 소용돌이가 일어나고 차츰 엔트로피 법칙에 따라 평등의 세계로 진입하게 된다.

사실 모든 현상은 시공간 안에서 상호의존하며 나타나는 것에 지나지 않는다. 시간은 무엇인지 여전히 풀리지 않은 영역에 속해있지만, 시간에 기대어 있는 것들은 잠시도 머물지 않는다. 지금 저기 보이는 라테는 본래 있지 않았다. 커피, 스팀 우유, 커피잔이 시공간 속의 인연으로 어울려 빚어진 것이다. 아니 쇼펜하우어의 말을 빌리면 인과율에 의해 시공간에 드러난 표상일 뿐이다. 표상은 나의 인식 틀에 들어와 만들어진 현상이다. 변화하고 있는 것은 라테아트가 아니라 나의 마음이리라. 「육조단경」에서 나오는 저 유명한 일화인 바람에 의해 깃발이 움직이는 것을 두고 갑론을박할 때 "그대들 마음이 움직인 것이다"라는 혜능 대사의 '할'처럼 말이다.

어릴 적 크다고 여겼던 동네 하천이며 호수는 지금 가서 보면 조그맣다. 이처럼 물리적 공간일지라도 생각의 크기에 따라 시나브로 달라진다. 게다가 인터넷 시대를 맞아 가상 공간이 여기저기서 새롭게 열리고 있다. 우리는 눈으로 보지 못하는 광대한 시공간의 세계를 사유하여 우주공간의 시작과 끝을 그린다. 실상 그 광대한 우주의 모습은 이성의 힘으로 이해되기를 바라는 공간, 아니 과학자가 창조한 인식의 공간, 더 나아가 마음이 만드는 나의 세계에 지나지 않을지도 모른다. 하지만 일체가 아무리 마음에서 비롯되었다고 하더라도 무량한 공간은 가두어야 쓸모를 가진다. 집이라는 공간을 주거공간이라고 하듯이. 커피집은 나와 너 사이의 소통 공간이다. 커피잔의 공간은 쓸모없어진 나와 아직도 쓸모 있음을 꿈꾸는 나 사이에서 방황하는 사색 공간이다.

스팀 우유가 점점 커피와 더불어 일체가 된다. 우유와 커피의 경계가 사라졌다. 이제 이 둘은 완벽한 하나다. 열역학 제2 법칙에 따라 다시 이전의 상태로 돌아갈 수 없다. 내 속에 갇혀 있던 관념들이 사라진다. 나는 내 안의 또 다른 나와 다투지 않는다. 내가 아닌 나는 어디에 있는가. 나는 한시도 머물지 못하는 존재일 뿐이다.

다시 차별이 없는 본래 마음에 한계를 긋는다. 이름을 지어 분별한다. 이름의 세계에서 살아가는 존재가 되어야만 한다. 나로 살기 위하여 어쩔 수 없는 선택이다. 그러나 나를 나답게 만듦은 타자와의 관계에서 맺어지는 너로 인해서가 아니라 나 스스로이다. 내가 온전한 나, 스스로 그러함으로 있는 나로 있기 위하여는 내 마음에 이기심으로 그어진 공간을 허물어야 한다.

한 생각이 흘렀다. 천천히 카페라테를 입으로 가져와 음미한다. 씁

쓰레고 부드러운 맛. 이제 나는 감각의 세계로 돌아왔다. 살아있는 실존의 세계다. 잔 안이 비었다. 커피잔이라는 공간 속에서 사라진 라테는 어디로 갔는가.

인생은 찰나이다. 아니 잔 속의 라테처럼 삶이라는 공간에 영원히 머물러 있을 수 없다. 라테 그림은 커피잔의 공간에서 처음부터 사라질 운명이었다. 우리 삶도 그렇다. 세상 만물은 유한성에 놓인 것이기에 아름다움을 가질 수 있고 의미를 담아낼 수 있는지도. 나도 너도 유한하기에 저마다의 아름다운 꽃이라 부를 수 있으리라.

스쳐 지나가는 삶의 물결에서 우리는 하찮은 것을 중요하게 여기기도 하고, 중요한 것을 하찮게 여기는 바보 같은 존재인지 모른다. 둘 사이에 있는 가치의 구분은 인생의 수수께끼처럼 늘 어렵다. 그렇다 하더라도 이 세상을 떠날 때 가져갈 수 없는 것은 허상이고 손가락 사이로 빠져나가는 바람일 뿐이다.

오후의 커피집 나들이 시간을 비스듬한 햇살의 무게로 재고 있다. 이제 퇴근 시간에 맞추어 집에 들어갈 시간이다. 신문과 책을 가방에 넣는다. 스마트폰 노트에 적은 글자도 챙긴다. 분분한 인연과 연결된 공간에서 잠시 벗어나 오롯이 나 자신으로 머문 이 시간으로 인해 잿빛 세상에서 버틸 힘을 얻는다. 무엇보다 외로움에 빠지지 않고 나 자신에 집중했다는 충일감에 잠시나마 여유롭다. 한잔의 카페라테가 주는 공간과 시간 앞에서 잠시 사유를 펼쳤다. 이 순간 그것은 나에게 인생의 속살을 말없이 알려주는 선생님이었다. 이런 경험들로 인해 삶은 풍요롭고 살만한 가치가 있을 테다.
  점점 삶의 방식이 좁아지고 있다. 아니 일상의 공간이 뻔해지고 있다. 단순한 길에서 나도 모르게 보폭은 줄어들고 있고 행동반경도 좁아지고 있다. 하지만 라테가 주는 사색의 공간 안에서 생각만은 자유롭게 펼치고 싶다. 누군가와 연결되지 않을 자유를 즐기며 커피를 음미하는 시간을 언제까지 누릴 수 있을지 알 수 없다. 그저 허여된 시공간에서 즐겁게 놀다가 바람처럼 훌훌 떠나는 나들이 같은 삶이었으면.

자화상을 그리다

　미술은 오를 수 없는 마법의 성과 같았다. 어릴 때는 가난의 무게로 접할 수 없었다. 결혼 후 가족 생계를 책임져야 하는 자에게 한가하기만 한 미술은 선뜻 마음을 내어 다가가기 어려운 세계였다. 가끔 마주친 서양 미술은 그런 나를 미궁 속에 잘도 가두었다. 하지만 어떤 이는 그림 속에서 잉태되어 나오는 기쁨을 맛본다고 한다. 미술을 잘 모르는 문외한인 나 같은 이가 들으면 귀가 솔깃하다. 한국인에게 유명한 유럽의 화가들은 부지기수다. 고야 고흐 모네 드가 피카소 앙리 마티스 렘브란트 피카소 세잔 로스코 등 셀 수 없는 이름들이 떠오른다. 이번에 네덜란드가 낳은 빛의 마술사라 부리는 렘브란트 이야기를 유튜브에서 우연히 보게 되었다. 저 옛날 암스테르담에 갔을 때 렘브란트 미술관에 갔으나 아무런 기억도 없으니 스치고만 말았으리라. 반면에 인근 고흐의 미술관에 가서 그림을 보았다는 기억은 강하게 있으니 참 묘하다.
　화가들이 그린 많은 작품 중에서 자화상에 꽂히는 순간이 있다. 화가들은 왜 자화상을 그릴까. 지금은 너무나도 유명한 화가지만 고흐만 하더라도 살아서는 그림 하나 변변히 팔리지 못할 정도로 불우했다. 가난한 화가이니 모델을 구하거나 야외로 멀리 나갈 수 없는 현실적인 문제도 있었을 테지만 고흐는 앞이 캄캄한 무명 시절에도 자화상을 그렸다. 그는 심지어 고갱과 다투어 그가 떠난 후 귓불을 잘라 붕대를 감은 해괴한 정신상태에서도 자기 모습을 그렸다. 단언컨대 젊은이가 자기의 귀를 베고 자화상을 그렸다는 소식은 온갖 기괴한 일들이 벌어지고 있는 오늘날에도 분명 괴이한 일일 것이다. 사람마다 다르겠지만 고흐의 자화상은 아름답다고 표현할 수 없는데도 가격은 상상을 초월한다. 고흐는 자화상을 통해 무엇을 이야기하고 싶었을까. 고객들은 현실에서 실패하고 불우한 화가의 그림을 통해 무엇을 느낄 수 있을 것인가.

빛의 예술가 렘브란트는 사진 예술가가 사진 찍듯이 자기가 처한 상황에 따라 자화상을 많이 그렸다. 탐욕에 빠진 모습, 성스러운 모습, 왕이라도 된 듯한 모습, 모든 것을 잃어버린 듯한 노인 모습 등 칠십여 점이나 된다. 화가들에게 자화상은 자기의 마음 상태를 표시한 메타포와 같지만, 그것을 통해 자기의 현재와 미래에 되기를 바라는 마음 상태까지도 그리려고 했을지 모른다.

우리나라에서도 조선 시대 강세황과 윤두서가 직접 그린 자화상이 있다. 수염까지 세밀하게 그려낸 형형한 노인의 모습이다. 그들이 추구하고 있는 세계에 머물고자 하는 내면의 세계를 읽을 수 있을 듯하다. 그들도 그런 마음으로 자기를 나타내고자 한 것이 아니겠는가.

그림으로만 자화상을 그리는 것일까.

선인들은 스스로 호를 지어서 자기의 마음을 드러냈다. 한시도 외경에 기대어 자기의 뜻을 드러낸다. 문학 중에서 수필은 아예 쓰는 글 자체가 자화상이라 할 수 있다. 한 편의 수필 속에는 지금 나 자신이 머물거나 바라는 내면의 얼굴이 드러날 수 있다.

화가가 자화상을 갖가지 색깔이나 붓으로 그리면서 자기를 나타내듯이 한 편의 수필은 마음의 감정이 일으킨 파문이 기억의 퇴적층에서 공명하는 사건을 찾아내 나만의 색을 입히는 것이다. 곧 그 당시 자기의 자화상이다. 화가의 자화상이 고고하거나 아름다운 것이 아니듯이 내가 경험한 바탕 위에서 나만의 성찰을 통해 심경을 순간순간 그려낼 뿐이다.

자화상은 늘 변한다. 사람들 사이에서 부딪힘으로 인해 감정의 변화가 일어나고 그 감정들은 안면 신경 근육을 자극해 표정을 지어나간다. 「장자」에 인간세란 말이 있듯이 우리가 하는 일이라는 게 사람과의 관계 맺기에서 끊임없이 자화상을 그려나가는 일일지도 모른다. 아무도 알 수 없는 나만의 자화상이 있을 것이다.

수필가는 마음을 그리는 화가와 같다. 담백한 수묵화로 그릴 수 있고 감정을 결을 입히는 유화로도 그릴 수 있다. 일상을 담는 풍경화를 그릴 수도 있고 추상화를 그릴 수도 있다. 지금 내가 그리는 자화상은 어떤 모습일까. 세상 속에 있으면서도 세상과 어울리지 못해 서성인다. 그 표정은 형형하지도 않고 흐릿한 듯하다. 그러니 관심을 먹고 사는 현대 사회에서 눈길 한 번 받기는 글렀다.

우리는 길 위의 존재들이다. 누구나 인생이란 백지 위에 자신만 아는 한 폭의 그림을 마음이란 캔버스에 그리다 떠나간다. 하지만 글로 드러내는 마음의 모습은 또 다른 것일지도 모른다. 마음의 풍경을 그리는 일이 갈수록 점점 어려워지는 이유는 무엇일까. 노트북에 그려진 자화상이 나를 무섭게 바라본다. 마치 나를 그렇게밖에 그리지 못하느냐고 꾸짖듯이.

누군가의 뒷모습

한동안 예식장 안은 북적거렸다. 우리 사회만의 독특한 사교의 시간이었다. 신부 입장 시간이 다가오자 축하객들이 썰물처럼 흩어지고 한산했다. 예식장 홀 출입문을 마주 보고 신부가 홀로 서 있는 모습이 갑자기 눈에 들어왔다. 오늘의 주인공답게 화려한 드레스를 길게 늘어뜨리고 있다.

정면이 아닌 문 열기 직전 신부의 뒷모습이 이상하리만치 눈에 각인되었다. 저 문이 열리는 순간 우레와 같은 박수로 축하객들은 환호할 것이며 아버지의 손에 이끌려 마중 나온 신랑의 손을 잡고 입장할 것이다. 찰나 같은 환희의 순간을 곧 마주하게 될 신부의 뒷모습이 왠지 애처로워 보였다. 물론 신부는 오늘의 주인공으로서 벅찬 감격으로 달뜬 마음을 달래고 있을 것이다. 그런데 나는 왜 희극이 아닌 인생의 허무라는 혼자만의 생각에 젖는지 모르겠다. 그동안 결혼식에 수없이 참석했지만 한 번도 이런 마음을 가져본 적이 없었다. 꽃봉오리가 펼쳐질 절정의 순간을 기다리며 웅크리고 있는 신부의 뒷모습에서 무대를 꽉 채운 관중이 다 빠져나가고 난 뒤 객석에 홀로 남은 여주인공 모습이 함께 떠올려졌다. 나는 왜 화려함 뒤에 숨어 있는 헛헛함을 미리 느끼는 것일까. 곧 마주칠 환호와 함성도 순간일 뿐 금방 꽃처럼 지고 말 운명임을 맛본 경험에서, 아니면 세상사에 쪼들려 무덤덤해서일까. 한낮에 생기는 그림자처럼 화려함과 허무감이 어울려 인생이란 연극을 보여주는 장면에서 삶의 고단함을 보았던 것일까. 인생은 멀리서 보면 희극이지만 가까이서 보면 비극이라는 말이 점점 가슴으로 다가와서 그런 것일까.

늘 누군가의 뒷모습을 보지만 기억에 선명히 남아 있지 않다. 뒷모습은 한 사람의 또 다른 모습인데 말이다. 인류는 밤하늘에 보이는 달을 보고 시를 짓고 달에 기대어 사랑과 슬픔, 만남과 이별의 한을 노래했다. 달은 평화의 이미지로 그려졌다. 마침내 달의 뒷모습을 보게 되었다. 불과 십여 년에 지나지 않는다. 지금껏 우리는 달의 뒷면은 보지도 못한 채 늘 보이는 달만 보고서 그게 전부인 줄 알았다. 달은 공전주기와 자전주기가 같아 지구에서는 달의 앞면만 한결같이 보인다. 그런데도 달의 모습을 모두 아는 것처럼 달에 대해 상상의 나래를 폈다. 사진으로 보니 달의 앞면과 뒷면은 완전히 다르다. 앞면이 극락이라면 뒷면은 지옥에 가까운 모습이다. 이처럼 세상의 모든 것은 하나 속에 상반되는 두 가지 모습을 가지고 있다. 살아가면서 사람들은 늘 눈에 보이는 모습만 보고서 그 사람을 판단한다. 그 사람의 앞면에 가려진 뒷모습은 알려고 하지도 않는다. 뒷걸음에서 그 사람의 성격과

성품을 더 잘 알 수 있다는 말이 빈말이 아닌 것처럼 가려진 뒷모습을 잘 읽어낼수록 그 사람을 진실하게 알 수 있지 싶다.

사람은 자기의 뒷모습을 거의 보지 못하고 자기의 걷는 모습을 볼 수가 없다. 나는 내가 똑바로 걷는다고 여기는데 누군가는 나의 뒷모습이 독특하다고 한다. 걸을 때의 나의 뒷걸음이라고 이야기를 해주면 이건 내가 생각하는 걸음걸이가 아니다. 그처럼 사람은 자기를 잘 알지 못한다. 자기의 뒷모습을 잘 보지 못하는 만큼 자기를 온전히 알 수가 없다. 허물은 뒷모습에 감춘다, 그러니 남들의 허물은 잘 아는데 정작 자기의 티는 보지 못한다. 자기의 허물은 지금껏 그래왔던 것처럼 다른 사람의 도움을 받아야 알 수 있다.

그 사람이 보여주는 모습 뒤에 숨겨져 있는 것들이 꾸밈이 없는 본래의 모습과 가까울 수 있다. 그 속에 순수하고 여린 것들이 묻어 있다. 남들이 보지 못하는 조그마한 것에서 숨결을 느낄 수 있는 섬세한 눈을 가진 사람만이 세상은 연민으로 가득차 있다는 사실을 발견할 수 있을 것이다.

그 사람이 어쩐지 쓸쓸해 보인다는 것은 앞모습보다는 뒷모습에서 더 그렇다. 누군가를 알려면 그 사람의 뒷모습까지도 볼 수 있어야 한다. 한 사람을 온전히 사랑한다는 것은 그 사람의 뒷모습에 감춘 마음까지도 느끼고 품을 줄 알아야 가능하다. 그 사람의 뒷모습에서 쓸쓸함을 느끼면 그 사람의 아픔과 공감할 줄 아는 사람이다.

그동안 우리는 타인의 뒷모습에 관심이 없었다. 아니 얼굴이 주는 앞모습에만 홀려 그 사람을 대충 보고 그 사람을 판단해왔다. 사람들은 늘 얼굴을 꾸미고 앞모습이 잘 보이게 꾸몄다. 어떻게 한 사람의 앞모습과 뒷모습이 따로이겠는가. 본래 한 몸에서 나온 뒷모습이 이렇게 대접받을 진데 내 속에서 보이지 않은 마음을 어떻게 알 수 있겠는가. 그러고 보니 보이는 모습 뒤에 숨어 있는 또 다른 나를 찾는 여행은 인생의 수수께끼를 찾는 것과 같겠다.

일없는 사람의 시선

 가을이 떠나가고 있다. 계절은 색깔로 바람으로 민낯을 드러낸다. 강가에 있는 땅버들은 아직도 푸르건만 이미 윤기가 빠져나가고 있다. 보이는 것들은 절정을 지났다. 강가의 풀들은 땅 빛을 품고 서서히 꺼지고 있다. 온통 가을의 떠남을 알리는 풍경이다. 바람은 이미 갈 길을 정해놓았는지 서늘함을 잔뜩 뿌린다. 하늘을 보니 푸르지만 옅은 먹구름이 몰려온다. 비 온다는 예보를 증명하듯 점점 흐려진다. 이 비 그치면 겨울을 재촉하듯 하늘에서 숙살의 전단傳單이 막 내려올 테다.
 삶은 머무르지 않는다. 바람도 왔다 가고 물도 흐르고 사람과의 인연도 오고 가고 나무들의 색깔도 변하고 온통 잠시 머물다가 이내 떠나가는 모습이다. 무상함의 바다다. 아니 계절이 돌고 돌 듯이 그 물결 속에서 허우적거리며 지나간 것에 집착하며 저마다 생사의 강을 건너고 있다.
 평일의 오후 시간이다. 하천 산책로를 걷다 말고 벤치에 앉았다. 사람들이 끊임없이 오고 간다. 따뜻한 햇볕을 쬐며 멍하니 바라본다. 눈에 들어오는 것들은 풍경, 그리고 사람들 뿐이다.

젊은 남자는 보이지 않고 젊은 아줌마들이 간혹 보인다. 사람들은 대부분 나보다 나이가 많은 듯하다. 나도 이들 일행 중의 한 명일 터이고 그들도 나를 같은 무리로 취급할 것이다. 어디에도 소속되어 있지 않은 자의 고독한 시간이다. 사람들은 지나가면서 나를 쳐다본다. 나도 이들을 얼핏 쳐다본다. 바라보는 이들의 마음에는 다들 나와 같은 마음을 품고 있을 것이다. 저 사람은 이 시간에 여기에 있으니 일없는 사람이겠지. 내 마음은 담담하여도 그 사람들의 마음에는 당신도 어쩔 수 없이 자기네와 같은 백수의 길을 걷고 있는 한 사람쯤이라고 여길테다. 일없는 자는 이유가 없이 그냥 존재해 있는 것이다. 살아가는 날까지, 인연이 다할 때까지.

가을이 점점 깊어간다. 11월 초순, 가을의 오후다. 여기는 소제동 대동천 가에 있는 카페다. 2층 커피숍에서 우두커니 핸드드립 커피를 마신다. 커피 향이 아주 감미롭다. 한 모금 마시고 향을 맡는다. 뭐라고 말할 수 없는 향 속에 묻어 있는 커피 맛은 신맛이 나는 산뜻한 맛이다. 냇가를 건너다보니 담벼락마다 벽화가 그려져 있다. 어릴 적 모습으로 되돌아가는 추억을 불러일으킨다. 소제동은 조금 낯선 듯해도 수수한 모습으로 어릴 적 코 흘리던 추억으로 가는 길을 안내한다. 그곳을 흐르는 대동천 얕은 물가에는 청둥오리 몇 마리가 천천히 유영한다. 먹잇감을 찾는지 연신 발가락 질을 해댄다.

미세먼지 탓인지 하늘이 새파랗지 않고 태양도 먼지 속에 갇혀 있는 듯하다. 세상은 일삼는 자들의 일로 수상해 보여도 나무는 잎을 물들이며 조금씩 바람에 날려 떨어진다. 사람들은 삼삼오오 모여서 걷거나 홀로 하천 옆에 난 길을 따라 걷는다. 빠르게 걷는 사람은 없다. 소요하듯이 걷는다. 젊은이들은 보이지 않고 대부분 중년이거나 노년에 접어든 사람이다. 어머니를 휠체어에 태우고 산책하는 사람도 있다. 자식이나 간병인의 도움으로 시원한 공기 물소리 새소리를 들으며 움직일 수 있다는 게 얼마나 큰 기쁨일 것인가. 반려견을 데리고 걷는 아낙네와 중년의 아저씨도 더러 보인다. 간혹 레깅스를 입고 뛰는 젊은 여인도 있다. 모두 건강을 위해서거나 몸매를 만들기 위해서든지 자신만의 행복을 찾기 위해 이곳에 와 있다. MTB자전거를 탄 중년 남성도, 옛날 자전거에 짐을 싣고 타고 가는 노인도 지나가고 있다.

　커피를 들고 밖으로 나가 걷다가 공원에 이르렀다. 떨어지는 낙엽을 보며 벤치에 앉았다. 늦가을 쌀쌀한 날씨지만 은행은 노란 잎을 매달고 단풍나무는 분홍색과 반쯤 빨간 잎들을 많이 달고 있다. 산책 나온 노인, 홀로 벤치에 앉아 있는 할아버지, 벤치에 드러누운 이도 대부분 스마트폰을 보거나 누군가와 이야기하거나 그냥 우두커니 있다. 가족과 함께 한낮의 태양을 즐기고 있는 중년도 있다. 젊은 여인들은 관광객인 듯 사진을 찍기도 하고 삼삼오오 짝을 이루며 한가한 오후의 햇살을 맞고 있다.

　저마다 주어진 시간과 공간에서 잠시 머물며 흘러가고 있다. 추위가

오기 전 나들이하기 좋은 날이다. 커피 한 모금이 쓰다. 가방에서 과자를 꺼내 먹다 과자가 부스러졌다. 과자 부스러기를 던지니 비둘기들이 몰려온다. 서로 많이 먹겠다고 싸움하더니, 그 사이 먹잇감을 잊어버렸는지 과자 부스러기만 외로이 있다. 잠시 뒤 날아온 비둘기가 그 부스러기를 쪼니 다른 비둘기들이 또 몰려든다. 부질없는 인생살이의 한 단면을 보는 것 같다. 가을은 서서히 깊어지고 조금씩 그늘을 지우며 뒷걸음질로 비켜나고 있다.

수필의 지평선 너머

시원을 알 수 없는 바람처럼, 자유로운 물처럼 흘러가고 싶다. 훌훌 번지는 모닥불의 연기를 우두커니 바라보거나 흘러가는 구름에 마음을 건네본다. 숱한 인연을 가슴에 묻어두기에 버거워 빈 가슴으로 있으려고 하는 몸부림이리라. 인생이란 자기 역할을 두리번거리다가 속절없이 떠날 뿐인데, 인연에 걸려든 감정의 파도가 삶의 무게로 밀려왔다 사라진다.

왜 수필을 쓰느냐고 스스로 묻는다. 자유로움이다. 피천득은 「수필론」에서 "수필은 독백이며 중년의 글이며, 여인의 글이며 마음의 산책이며 여유에서 나온다"라고 했고, 수필가 윤오영은 '수필의 성격'에서 "수필은 밖에서 얻은 것을 안으로 삼킨다. 그러므로 수필의 대상은 자기다. 결국 수필은 외로운 독백일 수밖에 없다"라고 했다. 생활수필이든 문학수필이든 수필의 토양인 자유와 여유, 관조에서 이런 말이 나오지 않았을까. 수필은 어떤 형식으로 규정할 수 없는 무형식의 글이기에 쓰는 사람마다 제각각이다. 딱 집어 이런 형식만이 수필이라고

정의할 수 없는 개성의 문학이다.

'문학으로 도를 싣는다以文載道'는 옛말이 있다. 한편의 글을 씀은 구도의 길을 걷는다는 뜻일 테다. 내면의 고요로 이르는 길에서 감정의 찌꺼기가 닦여 '문향文香'을 피우는 경지다. 생각이 부딪히면 희로애락의 감정이 펼쳐진다. 감정은 기억으로 저장되고 사건 속에서 다시 일어난다.

먹는 음식이 그 사람이라는 말이 있듯이 살면서 말과 글로 섭취한 언어는 글 쓰는 사람의 재료이고 그걸로 빚어낸 글은 그 사람의 얼굴이다. 자신의 민낯을 드러내는 일은 어렵다. 용기가 필요하다. 수필은 누구에게나 크든 작든 차이가 있지만 마음의 속살을 드러내는 일이다. 수필이 가진 독특한 관점으로 시나 소설 같은 글쓰기와는 엄연히 다르다.

수필은 어스름한 시간에 읊조리는 자기 독백의 소리이자 살아내기 위해 강요받은 외부 굴레에서 벗어나 '나다움'을 추구하는 글쓰기다. 수필 쓰기는 자기를 찾아가는 여정에서 내면의 울음을 듣고 나 자신의 심정을 성찰하는 일이다. 화가가 갖가지 색을 조합해 자기만의 붓터치로 그림을 그리는 것처럼, 수필은 일상에서 마주친 사건이나 사물에서 기록이나 설명을 넘어 느낌을 길어 올려 자기만의 정서로 표현하는 문학이다.

"수필이 수필다워야 한다"는 말이 있듯이, 수필다움을 말한다면 그 이전에 수필가는 수필가다워야 할 터이다. 그렇다면 먼저 쓰는 사람의 인품이 갖추어져야 한다. 수필이 수필가 자신의 삶을 그릇만큼 담지 않으면 심심하고 넘치면 분분하다. 문체가 부족하면 밋밋하고 화려하면 진심이 느껴지지 않는다.

 수필가는 자기 자신을 찾아가는 여행자다. 아니 묻어둔 기억의 한 순간과 화해하면서 홀로 길을 걸어가는 순례자와 같다. 수필가가 글을 쓰고 문장을 다듬는 과정은 마음에 머무르고 있는 감정의 덩어리를 절차탁마하는 것과 같다. 한 편의 수필을 쓰기 위해 수필가는 마주치는 일상에서 건져 올린 순간의 느낌을 자기만의 사유의 폭과 깊이로 버무리고 발효시켜 글로 빚어낸다. 술을 담글 때 이양주二釀酒를 만드는 것처럼 수필가는 처음 쓴 글을 가슴에 담아 계속 발효시킨다. 한 편의 글은 퇴고의 과정을 거치며 숙성되어 드러날 때 독자에게 위로와 공감이라는 뜻밖의 선물을 안겨줄 수 있다.

 수필가에게 필요한 자질은 보이는 것 너머에 숨어있는 의미를 찾아내어 한 편의 글로 빚어내는 것이다. 일명 성찰하는 글쓰기이다. 성찰의 깊이가 곧 수필의 깊이다. 산이 깊을수록 산을 찾는 이에게 즐거움과 위로를 주듯 사유가 깊을수록 메아리가 되어 울림을 준다. 해학과 풍자가 있으면 금상첨화다. 아무리 탁월한 묘사가 있더라도 성찰이 없으면 뜸이 덜 든 밥맛과 같고. 너무 드러내면 탄 밥맛과 같으리.

 수필 쓰기는 얼핏 세상 쉬운 일인 듯하다. 하지만 인생에서 고난과 고통, 배고픔이나 간절함 없이 적당히 산 사람에게는 깊은 정서가 풍겨 나올 수 없다. 그 사람의 경험과 사유가 글에 녹아들지 못해 독자의 마음에 담기지 않는다. 글을 전개하는 사유가 깊지 못하면 그저 그런 글이 되거나 설명이나 꾸미는 글이 되고 만다. 수필은 적절한 묘사와 비유로 마음의 풍경을 드러내야 하고 수필가란 자기만의 문체를 가지고서 수필을 쓰는 사람이지 않겠는가.

인생은 감정의 퇴적층을 쌓아가는 일이다. 한 사람의 인생에는 무수한 감정이 기억이라는 '회색창고'에 들어 있다. 그 창고의 문을 열고 숨겨진 감정과 화해하고 비워내야 한다. 한 편의 수필을 쓰기 위해 맞닥뜨리는 사건이나 사물과의 감응을 통해 기억 속에서 묻혀있던 감정을 직시하고 끄집어내야 한다. 때론 힘든 세상에서 살아남기 위해 안으로 밀쳐두었던 자기의 생채기를 드러내는 일이다. 위선과 가식을 벗은 자기만의 모습이 드러난다. 우쭐 나약 미움 원망의 실체가 드러나 묻어둔 아픈 기억과 대면하게 된다. '감정정리의 깔딱고개'를 넘는 순간이다. 다음에는 독자의 반응이 기다리고 있다. 대중의 냉소적인 반응이나 독자의 환호에서 벗어나 자기만의 평정심을 유지하는 것도 수필가의 끝마무리이다.

난초 같은 청아한 자태와 은은한 향기로 가슴을 적시는 글, 읽고 나서 여운이 계속 묻어나는 글, 진흙탕 같은 삶에서 연꽃처럼 피어난 글, 풍자와 해학으로 청량감을 주는 글, 한길을 파는 집요함으로 깊은 맛을 우려내는 글, 계속 읽어도 싫증이 나지 않은 한 편의 글을 만나는 인연은 참으로 귀하다. 그런 작품 하나 남기는 것이야말로 수필가 필생의 꿈이 아니겠는가. 한 편의 수필다운 글을 내놓을 때까지 얼마나 많은 시간이 걸릴지도 모른다. 그럴지라도 계속 글을 써야 하는 게 수필가의 길을 걷는 자의 본령이 아니겠는가.

그리고 보면 수필을 쓴다는 것은 참으로 어려운 일이다. 그런데 수필쯤이야 하거나 틈나는 시간에 한가로이 쓰는 산문에 지나지 않거나 공부가 필요 없다는 편견을 가지고 수필을 대하는 이를 본다. 참으로 가슴 미어지는 일이다.

논어에 싹이 나고도 꽃을 피우지 못하거나 꽃은 피었으나 열매를 맺지 못한다는 말이 있다. 겨우 수필이란 너른 벌에 싹을 틔운 사람이 무슨 심사인지 넋두리를 읊었다. 화가가 자신의 얼굴을 자화상으로 그리듯 수필가는 심상心想을 문자로 그린다. 수필은 완성에서 피어나는 글이 아니라 인생의 끝까지 멈추지 않고 나아가는 사람됨의 과정에서 순간 피어나는 글이다. 나를 위로하고, 나를 치유하고, 나를 얽매고 있는 굴레에서 벗어나 나를 자유롭게 하는 글쓰기야말로 내가 걸어갈 수필의 길이고 수필의 지평선 너머로 가는 길이 아니겠는가.

어둠도 빛이더라

캄캄한 어둠 속 미로에서 한 줄기 빛을 찾아 떠나는 여행이었다. 우리는 한 번도 밟지 않은 길을 걸어가는 것처럼 막막했지만 걷고 또 걸었다. 그것은 알을 깨고 나오려는 몸부림의 연속을 알리는 놀라운 체험이었다. 알은 한계에 갇힌 익숙한 세계다. 보이지 않는 그들의 세계에 균열을 일으키기 위해서는 '내가 왜 어째서', '나에게 왜 이런', '왜 저에게만', '왜 하필'과 같은 질문을 끊임없이 자기에게 던지도록 해야만 했다. 그리고 내 안에서 일어나는 소리가 들려올 때까지 기다려 주어야 한다.

대전지역 시각장애인 여성회원들과 '나도 작가다'라는 글쓰기 강좌를 3년 동안 매주 진행하였다. 처음 시작할 무렵 참으로 고민스러웠다. 어떻게 하면 그녀들에게 인생의 무게로 짐 지워진 시각 장애라는 편견과 선입견에 움츠려둔 단단한 관념에 균열을 일으킬 수 있을 것인지.

매주 수업 시간이 되면 감성 시와 감성 수필, 간혹 노래도 들려주면서 마음의 굳은 근육을 풀었다. 그런 다음 한 주 동안 있었던 이야기를 나누면서 글감을 찾았다. 서로의 이야기에 귀를 기울이고 처음 듣는 동료의 아픔에 공감하면서 차츰 그녀들은 글을 구상하기 시작했다. 어느 날은 서로의 이야기를 듣다가 그 이야기는 글감이 되겠으니 글을 써보라고 다독거려주고 격려해주기도 했다. 우리는 아침마다 재잘거리는 종달새와 같았다.

이윽고 Usb로, 노트에, 달력에 굵은 사인펜으로, 점자로, 프린트로, 녹음한 글들을 가져오기 시작했다. 어느 날은 말을 하면 현장에서 녹음해 글을 만들기도 했다. 쓴 글을 읽어주면 듣고 합평하는 시간을 가졌다. 그렇게 우리는 서로를 작가로 부르며 글을 써나가는 힘든 여정을 밟아 나갔다.

서서히 편견과 선입견에 의해 형성된 내면의 아픔을 깨고 어둠의 토양에서 발아할 준비를 다지기 시작했다. '나를 위로하는 글쓰기', 아니 '나를 행복하게 만드는 글쓰기'는 감춰 둔 인생의 아픔 속에서 피어나는 한 떨기 꽃이다. 물론 여기 실린 그녀들의 이야기는 내면의 우물에서 길어 올려졌지만 성찰하고 묘사하는 부분에 있어서는 조금 아쉬운 점도 있을 수 있다.

글쓰기는 퇴고의 과정을 거치면서 결이 나고 생각이 다듬어지게 된다. 그녀들이 힘을 다해 글을 썼지만, 글을 다듬는 과정은 시각장애인에게는 어쩔 수 없는 한계이자 아픔일 수밖에 없다. 시각장애인 작가들의 글을 퇴고하는 과정에서 이해가 되지 않는 부분은 묻고 대답을 들으며 내용을 바로잡았다. 글의 전개 과정에서 구성을 약간 수정했으나 꾸미지 않은 그대로의 글도 좋았다.

그녀들이 단단한 관념의 벽을 뚫고 마음속 기억의 창고를 더듬어서 건져 올린 글들은 일반인에게는 낯설거나 거북하거나 때론 소소할 수도 있다. 하지만 온몸으로 부딪히며 쓴 그녀들의 글은 세상의 거친 바람에 숨죽이며 맞선 들꽃의 소리이다. 그러기에 진한 감동과 오히려 위로를 받을 수도 있을 것이다.

지금 우리 사회는 저출산의 암울한 시기를 보내고 있다. 저출산에는 현실적으로 부딪히는 여러 장애 요인이 있겠지만 육아의 문제도 크다. 육아의 힘든 과정은 그동안 누려왔던 일상이 사라짐을 의미한다. 그 힘든 과정을 이기고 아이가 성장할 때 여성은 비로소 엄마라는 자랑스러운 칭호를 얻는 것이다. 여성 시각장애인들은 그런 점에 있어서는 압도적 선구자다. 다들 보이지 않는데 어떻게 아기를 키우는지 궁금해할 수 있다. 나 역시 그러했다.

아기의 배고픈 상태를 어떻게 알아 밥을 먹이며 어떻게 씻기는지, 아플 때는 약을 어떻게 먹이며 어떤 방법으로 가르치는 것인지. 하나같이 그 쉽지 않은 육아의 과정을 이겨낸 그녀들의 진솔한 경험 이야기는 그야말로 뼛속 깊이 내려가 쓴 글이 아니겠는가. 아이들한테 약을 먹일 때 복용량을 몰라 자기가 먹어본 후 먹였다는 이야기를 들으니 엄마의 위대함에 모골이 송연해지는 느낌이었다.

이제 그녀들의 가슴 깊숙이 숨겨둔 이야기가 힘든 과정을 거쳐 흘러나왔다. 한 번쯤 그녀들이 들려주는 이야기에 귀 기울여 보자. 살아온 모습은 일반인과 조금 다를지라도 마음속에 비친 풍경은 비장애인과 조금도 차별이 없는 세계에 살고 있음을 알 수 있다.

보이지 않는 한계에 갇히지 않고 그녀들이 보여준 진솔한 용기와 끝까지 쓰는 꾸준함에 경의와 감사를 드린다. '나를 치유하는 글쓰기'는 삶의 저 밑바닥에 가 본 사람만이 맛볼 수 있는 선물이었다.

석정 시인께 자문자답하다

　노장사상을 자기 문학의 중심에 놓은 신석정 시인이 환생하여 자기 호를 딴 석정문학관을 둘러보면 어떤 기분이 들까.

　나는 시인의 꿈을 꾸지 않았다. 시를 엿보기에는 세상으로 향하는 눈길이 직선이고 시를 품기에는 가슴의 흥興이 고목처럼 메말랐다. 그저 분분한 세상일에서 잠시 떠나 한가하거나 조용히 생각에서 벗어나고 싶을 때 시에 넌지시 눈짓한다. 가끔은 유튜브를 통해 시를 듣는다. 요즘 시는 때론 너무 어렵거나 쉽다. 그나마 한시는 운율이 있고 시인의 경지를 엿볼 수 있어 공부 삼아 한 번씩 본다. 시인 신석정과의 인연은 교과서의 기억만큼이나 까마득했다.

　가을날 대전문인협회에서 부안에 있는 석정문학관으로 문학기행을 갔다. 변산은 여행 삼아 여남은 번 가기도 했고, 옛날 다녔던 회사에서 부안댐 건설사업을 할 때 일 때문에 자주 찾았던 곳이다. 직소폭포에서 내소사로 넘어가는 산행길은 서해를 바라보는 풍광과 응회암으로 이루어진 산세가 절묘한 조화를 이루어 신비로웠다. 시인 묵객을 품을 만큼 산세와 물산이 넉넉하고 원불교 소태산 대종사께서 깨달은 곳이라고 해서 변산 성역으로 받든다.

이번에 들린 곳은 석정문학관과 바로 옆에 석정 시인이 살았던 집이다. 문학관은 그가 남긴 시나 작품집 사진 각종 기록물을 진열하여 그의 일생을 더듬어 볼 수 있게 꾸며놓았다. 하지만 두 번의 방문에서 오히려 눈길을 사로잡은 건 석정의 좌우명과 그에 대한 설명이었다. 노장사상이 그의 시 세계를 이루는 중심이라고 하면서 좌우명을 '志在高山流水(지재고산유수)'라고 하고 도연명의 경지를 빌려 '閑靜少言不慕榮利(한정소언불모영리)', 풀이하면 한가하고 고요히, 말을 줄이고, 명리를 사모하지 않는다는 말이다. 그러면서 자연에 귀의하는 게 아니라 현실에서 지조를 지키고자 하는 신념과 기개를 뜻한다고 한다. 일제가 저지른 '창씨개명' 거부에서 보듯 저항 의식을 강조하는 말이겠지만 유교식 문법 같아 구차하다고 여겨졌다. '閑靜少言不慕榮利'는 낮음에 가치를 두고 있는 '流水'에 대한 설명 같아 우뚝함, 당당함이 주는 '高山'의 의미와 서로 충돌하는 듯했다.

노장사상은 자연과의 합일, 함이 없는 함爲無爲, 어디에도 얽매이지 않는 유유자적함에 가치를 두고 있다. 그가 지은 호인 석정에서도 노장의 진한 여운이 풍긴다. 저녁 물가, 물과 노을, 연못은 노자가 즐겨 사용하는 표현이다. 그렇기에 그는 이름 석정錫正의 한자를 바꾸어 호를 석정夕汀으로 지은 것이 아니겠는가.

　문학관에서 나와 그의 집으로 걸어가면서 돌에 새겨져 있는 「기우는 해」를 마음에 담았다. 소박하지만 읽는 맛이 있었고 노을처럼 여운이 내려앉았다. 흔적 없이 사라지지만 미련 두지 않은 정한으로 길게 다가왔다.

　'기우는 해'에서 보듯 석정은 노장을 약관의 나이에 접하고는 발효시키듯 원숙의 경지까지 끌어올렸을 테다. 그런 그가 어째서 '高山'에다 뜻을 두었을까. 노장의 원천인『도덕경』에는 산山이라는 글자는 아예 나오지 않는다. 그만큼 노장은 높음이 아닌 낮음에 가치를 두고 있다. 노장을 가슴에 품은 시인이 왜 노장사상과 자칫 어긋날 수 있는, 그것도 그냥 산도 아닌 높은 산을 이야기했을까.

　노자 장자 주역은 위·진 시대 대표적인 현학玄學이다. 그런 노장학을 자기 시의 바탕이라고 하니 석정의 대단한 자부심이 아닐 수 없다. 젊은 시절부터 노자를 틈틈이 보고 있어도 여전히 눈만 껌벅일 뿐인데 말이다. 더욱이 노자의 해설서라고 일컬어지는『장자』는 우화 형식이라 쉽게 읽혀도 말로 다다를 수 없는 경지를 드러내기에 더욱 그렇다.

　노장의 원천인『노자』에 나오는 '도는 스스로 그러함을 본받는다'라는 도법자연道法自然, '큰 형상은 형체가 없다'라는 대상무형大象無形 등이 예술에 끼친 영향은 참으로 깊고 넓다. 도잠 이백 소동파를 비롯한 숱한 시인이 노장을 품고 자연에 빗대어 심경을 읊었다. 도연명의 귀거래사와 음주 시를 읽으면 욕심이 없는 담백함恬淡, 마음을 비운 고요함虛靜, 무위無爲의 노장 철학이 짙게 스미어 있어 평범함 속에서 묘한 경지를 느낀다.

노자에게 계곡은 도의 메타포다. 한없이 낮추어 텅 비었으나 끊임없이 생성하는 계곡을 원초적인 생명으로 보았다. 그런데 석정은 텅 빈 계곡을 보지 않고 왜 높은 산에 뜻을 두었을까. 사람은 가고 말 없으니 홀로 그의 뜻을 더듬어 볼 뿐이다.

석정은 노장에 머물렀기에 현학의 하나인 주역도 공부했으리라. 주역 팔괘에는 건乾·태兌·리離·진震·손巽·감坎·간艮·곤坤이 있다. 이 중 산을 의미하는 간艮괘에는 '그치다', '이루다'는 뜻이 있다, 그래서 그런지 주역 64괘 중 간괘가 들어간 괘는 수행이나 교육과 관련이 많다. 남명 조식 선생의 지리산 산천재는 산천대축山川大畜괘, 사계 김장생 선생의 연산 돈암서원도 천산돈天山遯괘에서 유래했을 것이다. 석정도 변산에서 문학의 씨가 퍼트려지기를 원해서 그런 의미로 썼던 것일까. 지금은 석정문학관을 통해 어느 정도 실현되고 있으니 우연인 듯 필연이다.

어떤 시인은 "시는 명상이라고 했고 시는 명상의 상태에서 쓰는 것"이라 한다. 노자수행의 핵심은 마음을 텅 비우고致虛極 고요함을 독실하게 지킨다守靜篤는 말에 있다. 수행자는 달리는 말처럼 내달리는 생각을 그치기 위해서 바다가 아닌 하늘을 이고 있는 산에 간다. 산에 가서도 산보다 더 좁은 곳인 토굴이나 암자 같은 곳에 자신을 가둔다. 어느 순간 생각이 끊어진 자리에서 천지와 합일되는 한소리를 토해낸다. 석정도 변산을 높은 산으로 삼아 끊임없이 밀려오는 생각을 비워내고 비워내면서 시를 썼을까.

문학은 심상心想을 표현하여 위로를 주고 공감을 이끌지만 정작 우리는 문학의 바탕을 가꾸는 일을 세상사에 떠밀려 소홀히 하고 있는지 모른다. 그런 점에서 나는 석정을 높은 산처럼 우러러보고 싶다. 자신의 문학을 이루는 사상을 그이처럼 높고 당당하게 밝히고 싶다. 하지만 평지를 벗어날 수 없는 텃새에 지나지 않은 재주임을 어찌하리.

석정은 노장의 높은 산에 올라서 의미와 무의미의 사이에 있는 세상사를 힐끗 쳐다보고 자연의 품 안으로 들어갔다. 그의 깊은 뜻은 계곡에서 흘러나와 바다로 흐르는 물에 있었을 것이다. 노자는 최고의 선을 물의 덕에 비유했다. 그도 물을 닮아 물처럼 낮은 자리로 조용히 흘러가 이름도 없이 사라지고 싶었는지 모른다. 그리고 보니 석정은 석정문학관에 없었다. 그의 좌우명도 없었다. 단지 흘러가다 머문 자취만 허공 속에 휑하니 드러나고 있을 뿐이다. 공연히 문자에 홀린 우매한 자의 헛소리만 겨울바람처럼 시끄럽다.

제3부

삶의 주름

삶은 시간 축적이 필요하다

마음에 막막함이 밀려올 때 가끔 '빈센트'라는 팝송을 듣는다. 빈센트 반 고흐의 탄생 100주년을 기려 만든 노래다. 생전 고흐는 그림 중개상인 동생 테오의 도움으로 '붉은 포도밭'이라는 딱 한 점의 그림만 팔린 비운의 화가다. 하지만 그가 우리 곁을 떠나고 난 후 시대를 뛰어넘는 불멸의 화가로 거듭나 사람들에게 숱한 영감을 주고 있다.

그가 죽고 6개월 뒤 동생도 죽는다. 800여 점이 넘는 엄청난 그림과 900여 통의 편지를 유산으로 물려받은 동생의 아내는 고흐의 그림과 편지에 묻은 영혼의 깊은 울림을 느낀다. 그녀는 그를 세상의 빛이 되게 함을 자신의 운명으로 여긴다. 먼저 테오나 지인에게 보낸 편지를 편집해 그림이 있는 서간집으로 묶어 대중의 이해를 구한다. 맞닥뜨린 숱한 냉대에서 오는 좌절감을 견디고 7년간의 뜸을 들이자 그림은 가치를 인정받기 시작한다. 하지만 무엇보다 고흐의 위대한 점은 그림 한 점이 팔리지 않는 절망과 고독, 정신병원에서도 그림을 그렸다는 점이다. 그림 그리기는 자신의 존재 이유였고 그는 그림에 모든 것을 던졌다. 그의 그림들은 마침내 그에게 밤하늘을 밝히는 별이 되게 했다.

무엇이든 미치지 않고는 도달할 수 없는 경지가 있다. 한 편의 수필만 하더라도 완성까지 걸리는 시간은 한 달이 넘는다. 문득 글감이 떠오르면 초안을 쓴다. 며칠 묵힌 후 제목이 호기심을 살만한지 내용 구성은 짜임새가 있는지 마무리는 어떤 의미를 담고 있는지 단어는 적절한지를 살핀다. 무엇보다 자신에게 정직한 글인지, 나만의 목소리인지를 고민하며 퇴고한다. 나중에 보면 늘 아쉽지만, 최선을 다한 시간의 자취에 스스로 위로할 뿐이다.

누구나 자신만의 길을 간다. 하지만 원하는 곳에 이르기 위해서는 집요한 시간 축적이 필요하다. 지금 나를 알아주지 않는다고 해도 묵묵히 자기만의 시간표대로 나아가면 된다. 한 방울 한 방울 떨어진 물이 바위를 뚫듯 진심인 노력이 생의 무게로 더해질 때 사회적 성공 여부와 관계없이 자신과의 싸움에서 지지는 않으리라.

문학의 지향점을 생각한다

8월 여름은 폭염과 열대야의 질주였다. 그래도 2024 파리 올림픽을 보면서 흥분과 감동으로 달뜬 시간이었다. 시합에 임하는 선수들이 주문 걸듯 자신을 설득하고 최선을 다하는 모습은 진한 감동으로 다가왔다. 자신의 한계를 뛰어넘으려는 간절함에 이어 좌절감과 성취감의 희비를 지켜보면서 스포츠의 매력에 빠지게 된다. 문학은 순간을 다투는 스포츠와는 다르다. 하지만 그 간절한 노력에 얼마만큼 다가갈 수 있을 것인가.

문학에서 간절함의 바탕은 앎에 이르는 욕구이다. 대문호 톨스토이가 자기 문학 인생에서 가장 큰 영향을 미쳤다고 하는 「노자」에 지부지상 부지지병(知不知上 不知知病, 제71장)이라는 문구가 나온다. 여러 해석이 있지만 나는 '알지 못함을 아는 것을 최상이라고 여기며, 앎이 무엇인지 모르는 것을 병이라 한다.'로 새긴다. 이 문장의 핵심은 앎知에 있다. 산이 높으면 계곡이 깊듯이 아는 만큼 모르는 것이 드러난다. 그처럼 앎은 모름의 세계로 끊임없이 확충되어 가는 것인데도 그치면 병이 되고 어리석다는 치痴(疒+知)가 된다. 중력의 법칙을 발견한 뉴턴도 자기가 아는 것은 바닷가 모래 한 알에 불과하다고 했다.

 문학은 앎과 어떤 연관이 있을까. 나이 듦에 호기심과 탐구심이 사라지면서 자기의 경험에 갇혀버리면 지금 아는 것이 전부인 양 착각에 빠진다. 앎이 깊어지고 넓어지면 자기의 모자람이 저절로 다가온다. 바다는 낮은 곳에 있기에 다 받아들일 수 있듯이 자아가 낮아져야 상대적 가치로 세운 관념의 벽이 허물어져 열린 사고가 된다. 주자가「대학」을 편찬한「대학장구」에 격물치지格物致知라는 말이 있다. 대상을 간절히 궁구하여 앎에 이른다는 뜻이다. 아니 어느 순간 대상과 딱 하고 하나가 되는 앎에 이른다는 말이다. 격물의 세계는 과학의 세계에서 눈부신 성과를 이루었다. 우리가 딛고 있는 땅은 맨틀 위에서 끊임없이 유동하는 대륙판 위의 공간이다. 눈으로 절대로 확인할 수 없는 대륙 이동은 감각을 벗어난 추상이지만 화석으로, 지진과 화산활동으로 확인되는 엄연한 사실이다. 앎이란 이처럼 사유의 공간을 자기의 감각에만 고정함이 없이 궁구하여 무한히 넓혀간다는 점에서 서정과 상상, 관찰로 창조의 날갯짓을 부단히 하는 문학의 바탕이 된다.

 기후 위기에 AI 열풍까지 더해 문명의 대전환이 필요한 시점이다. 차이를 인정하는 다양성의 시대에 오히려 차이에 따른 여러 경계선상에서 갈등과 분쟁이 그치지 않는다. 인류 문명은 어디로 나아갈 것인지에 대한 진지한 성찰이 필요하다. 문학은 그에 대한 답을 조금씩 그려 내고 있었다. 조지 오웰의 「1984」, 올더스 헉슬리의 「멋진 신세계」는 과학기술 문명이 맹목적으로 장밋빛으로만 질주할 때 미래 사회의 우울한 모습을 보여준다. 격변의 시대에 해묵은 질문이지만 문학의 쓰임은 있는가. 문학은 물처럼 공기처럼 자유로워 굴레를 매어 쓰여질 수 없기에 의식의 가장 깊은 곳까지 내려가 청량한 물을 길어 올릴 수 있다. 그 물은 목마른 자에게 위로와 감동을 줄 수 있을 것이다.

삶은 강물과 같다. 한 사람 한 사람의 샘물이 모여 굽이굽이 흐르면서 시대라는 물줄기를 이루며 숱한 사람들의 희로애락을 품고 쉼 없이 바다로 흘러가고 있다. 역사의 저변에서 강물처럼 흘러왔던 문학의 전통은 문文·사史·철哲의 일체다. 철학과 시대정신은 문학의 꽃을 피우기 위한 토양이다. 토양이 빈약하다면 풍성하고 아름다운 꽃을 피우지 못하는 것처럼 자기만의 관점과 시대정신, 철학이 없다면 그 글은 어떤 의미를 줄 수 있을 것인가. 동아시아 한자 문화권에서 문학은 역사와 철학을 바탕으로 풍요로운 꽃을 피웠다. 시대가 분화하면서 문·사·철의 전통은 분리되고 욕망의 수요에 맞추어 문학마저 잘게 쪼개졌다. 시 희곡 소설 수필 시나리오 등이 각각 꽃을 피우고 있다. 하지만 문학의 꽃이 그렇다는 것이지 뿌리는 같다. 문학은 분화되면서 서로의 틈을 벌리며 점점 본향에서 멀어져 가고 있다.

심리학자인 매슬로우가 주장한 욕구 5단계가 있다. 세상이 그렇듯 문학도 관심받고 인정받고 싶은 욕구를 먹고 살기에 그럴 것이다. 하지만 문인의 글은 세상과 연결되는 글이다. 자기만족과 인정의 욕구를 넘어서, 욕구의 마지막 단계인 자아실현의 욕구에 올라설 때 비로소 맑은 향기로 개성 넘치는 문학의 꽃이 피어나리라. 하지만 문학을 둘러싼 환경은 참 이율배반이다. 독자는 줄어드는데 작가들은 넘친다고 한다. 집으로 부쳐오는 문학잡지나 개인 서적들은 때론 그 양을 소화하기 버거울 정도다. 작가마다 자아실현의 작품을 남기기 위해 온 힘을 다한 노력의 결과물이겠지만 동시에 최고의 마지막 작품을 남기기 위해 계속 정진해서 글쓰기를 해야 하는 증표이기도 하다.

삶이 문학일 수 있어도 언어로 표현되어야 문학이 되고, 독자가 자기를 비추어보는 거울이 된다. 척박한 향토 문학의 토양에서 묵묵히 한 떨기 꽃을 피우기 위해 자기의 한계와 치열한 싸움을 하는 문학인은 빛나는 존재다. 단어를 고르고 단어의 맥락을 고민하며 문장에 자기만의 앎을 통한 사유를 집어넣기 위해 치열한 작품 활동을 하는 문인은 뒷 문인들이 길을 가는 이정표가 되리라. 그 길을 가는 가의 여부는 자신이 먼저 알고 눈 밝은 독자가 알 것이다.

삶은 자기에서 시작해서 결국 자기 자신에게로 돌아오는 여행이다. 이중섭 화가는 '예술은 진실이 비바람을 이긴 기록이다.'라는 말을 남겼다. 문인 한 사람 한 사람이 내면에서 진실하고 아름다운 문학의 꽃을 피울 때 그 향기로 인해 세상은 비로소 소요할만한 곳이 되지 않을는지.

세월의 풍상을 이겨낸 자유인, 나훈아

나이는 무엇일까. 생물학적인 노화는 짙어진 숙명이지만 사회적인 노화는 자기 하기 나름이다. 시간의 주름으로 접힌 나이의 무게를 느끼는 시간이 많아졌다. 세월의 풍상을 견디면서 날카로운 감정들은 두리뭉실해지고 심드렁해지는 날이 많아졌다. 나만 나이 먹는 줄 알았다. 가장 가까이 있는 아내가 환갑이라니 좀처럼 실감이 나지 않았다.

아내는 내색 없이 나이를 많이 생각한 듯하다. 회갑 기념을 조용하지만 특별한 이벤트로 하고 싶었는가 보다. 나랑 한마디 상의도 없이 큰아들한테 나훈아 공연 입장권을 부탁했던 모양이었다. 나훈아 콘서트 입장권은 '순삭'이다. 자식들이 새로운 형태의 효도 선물인 입장권 예매 때문에 꽤 힘들어한다고 한다. 행운이 따랐는지 두 장 예매에 성공했다는 말을 아내한테서 듣고 축하하기는커녕 이 나이에 무슨 나훈아 콘서트냐고 퉁만 주었다. 더군다나 공연장소도 대전이 아닌 대구였다. 한결 못마땅해서 불평만 늘어놓았다. "나훈아가 팔십이 다 돼서 노래도 제대로 못 부른다고 하던데" 하고 김빠진 소리나 해댔다. 평소 대중심리에 이끌리고 섞여 몰려다니는 걸 싫어하다 보니 여태껏 한 번도 콘서트장에 가 본 적이 없었다. 억지로 끌려가는 듯한 느낌이라고나 할까. 그냥 아내더러 친구하고 편하게 구경삼아 다녀오라고 했다. 아내는 말이 없었다. 그 표정에서 회갑 기념인데 늙수그레할망정 젊음을 함께 나눈 남편과 함께 지나간 시간을 반추하며 보고 싶은 듯했다. 몇 달 전에 예약했으니 좀 언짢은 일이 있을 때마다 한 번씩 그녀의 마음을 빡빡 긁었다.

어쨌든 공연 날이 다가왔다. 오후 5시 공연이지만 일찍 가서 대구 시내 둘러보고 점심 맛집 탐방이나 하려고 오전에 출발했다. 아내는 그 귀한 표를 잘 간수 한다는 게 도리어 잊어버려 현장에서 재발급받아야 한다고 했다. 차 안에서 무슨 말끝에 카톡으로 온 공연 시간을 확인하다 보니 아뿔싸 오후 3시 공연이었다. 하마터면 공연 시간을 놓칠 뻔했다. 점심을 고속도로 휴게소에 들러 간단히 먹고 내달렸다.

콘서트가 열리는 대구 엑스코 입구는 관광버스들이 즐비했고 인파가 많았다. 그냥 행사가 많아서 북적거리겠지 하고 여겼는데 나중에 보니 바로 나훈아 콘서트를 보기 위해 전국에서 온 관람객들이었다. 공연 시작 5분을 앞두고 겨우 입장했다. 콘서트장은 입추의 여지가 없었다. 8천여 석의 좌석이 다 매진되었단다. 중년의 남녀가 많이 보였지만 간혹 삼사십대로 보이는 젊은이도 있었다. 단연코 여성이 많았다.

그의 공연은 화려했다. 무대 양쪽에 대형스크린이 배치되고 엄청난 광음을 울리며 들어오는 열차와 함께 그의 대표곡인 '고향역'이 울려 퍼지면서 무대의 막이 올랐다. 단순히 노래만 듣는 공연이 아니라 영상과 노래 안무 합창들이 어울려 연출하는 버라이어티쇼와 같았다. 처음으로 직접 눈으로 본 노 가수는 다소 통통한 몸매에 수수했다. 한 곡을 부를 때마다 귀엽게 옷을 갈아입었다. 안무와 함께 부르는 노래는 멋들어진 조화를 이루었다. 젊은이처럼 찢어진 청바지를 입고 중간에 뛰어다니면서 무대를 압도하는 카리스마가 돋보였다. 거기에 원숙함과 여유까지 넘쳤다. 한 곡 끝내고 무대를 이끌어가는 말솜씨는 나이야 저리 가라고 할 만큼 탁월했다. 그냥 나훈아가 아니었다. 세월의 풍상과 굴절을 고독하게 이겨낸 아우라가 느껴졌다. 그가 무대에서 불러준 곡은 귀에 익숙한 노래도 있었지만 대부분 2000년대 이후, 코로나 기간에 발표한 자작곡들이었다. '테스형'에 관한 작곡 사연과 함께 음악에 대한 그의 식견도 엿볼 수 있었다. 그는 '트롯'을 한국가요라고 부른다고 하면서 한국가요는 위로와 감동을 넘어서 창자까지 비집고 들어와 속을 후벼 파는 것이라고 특유의 목소리로 말했다. 그러면서 '울어라 열풍'을 홀로 기타를 치면서 불렀다. 정말이지 그곳에서 들은 노래는 가슴을 헤집고 들어와 진한 여운을 안겼다. 진정 시간의 축적을 이루며 세월의 풍상을 이겨낸 노 가수만이 낼 수 있는 소리였다. 안무가들과 함께 부른 기장 갈매기, 남자의 일생도 세월의 곰삭은 맛으로 내 가슴으로 깊숙이 들어왔다.

  그렇게 그는 2시간 남짓한 시간에 다른 가수들이 흉내 낼 수 없는 주름 잡힌, 하지만 쨍쨍한 목소리로 스무 곡 이상을 불렀다. 끝에 가서는 다소 힘들어했고 목소리도 나오지 않은 부분도 있었다. 2시간 후 다시 열리는 저녁 공연을 대비하여, 그는 우리말인 '또'가 있는데 괜히 어려운 말을 한다는 여유를 부리면서 앵콜 신청을 받지 않았다.

　가요무대는 내가 유일하게 고정적이다시피 보는 프로다. 어머니와 함께 가끔 보았던 프로다. 추억을 되새김질하며 어머니의 빈자리를 느끼며 대를 이어보고 있다. 어떤 날은 가수에 실망한다. 분명 자기 노래인데 세월에 삭아버린 목소리로 노래한다. 그 가수는 세월에 지고 돈에 지고 팬들의 기대에 진 게 아닌가. 그래서 실망했고 저런 모습으로 무대에 나오지 않았으면 했다. 그런데 나훈아는 나이에 대한 관념을 뿌리째 흔들었다. 나이에 묻혀 열정이 사그라지는 것을 당연시 여겼는데 그의 무대에 대한 열정이 나를 다시 돌아보게 했다. 그 며칠 뒤 가수 남진에 관한 기사가 떴다. 그의 나이가 79세라고 한다. 둘은 비슷한 연배이니 나훈아도 그쯤 되었을 것이다.
　올해 불현듯 나훈아의 은퇴를 암시하는 인터뷰 기사가 실렸다. 물러남에 용기가 필요하다면서 마지막 공연인 듯 공연 제목은 '고마웠습니다'로 정했다고 한다. 그가 말하는 '고마웠습니다'라는 마지막 인사말에는 팬들의 사랑에 대한 그의 진심과 사랑 그리고 감사함을 모두 담았다고 한다. 광고 카피라이터가 울고 갈 멘토다. 작사가로서도 진면목이 드러나는 그의 말솜씨다. 대중과 호흡하는 공감 능력과 열정이 있었기에 그의 음악은 세월과 함께 긴 호흡을 이룬 것이 아니겠는가.

그는 숱한 염문과 굴절에도 불구하고 가수로서의 길만큼은 꿋꿋이 지켜왔다. 자신이 존재해야 할 이유를 노래에서 찾았다. 그는 대부분 노래를 직접 작사 작곡해서 불렀다. 그의 노래는 인생의 애환을 넘어 우리 음식의 바탕인 장醬처럼 세월 따라 숙성되었다. 그는 삶의 질곡을 가요로 승화시킨 진정 예인이자 자유인의 길을 걸었음을 증명하고도 남았다. 그것도 그의 노래를 기억하는 이들에게 추억거리와 희망을 함께 주고서 말이다. 나는 그가 앞으로도 시대의 희로애락을 특유의 주름 잡힌 목소리로 우리 곁에 오래오래 머물러주었으면 좋겠다.

인생의 농익은 깊은 맛을 예상치 못한 곳에서 간혹 느끼는데 나는 그에게서 느꼈다. 그는 정말 세월로 빚은 한국가요의 거인이자 자유인이었다.

문경에서 문학을 그리다

문경聞慶의 뜻은 경사스러운 소식을 듣는다는 말이다. 근세에 이름을 통달할 달達, 아호를 주역에 마침표를 찍는다는 의미에서 '야산也山'으로 썼을 만큼 주역에 달통했다는 도인이 있었다. 그는 일제가 망할 것을 예지하고 광복의 기쁜 소식을 문경에서 들어야 한다면서 제자들을 이끌고 찾았다는 이야기가 있다. 물론 문경은 조선시대 과거를 보러 갔던 영남의 선비들이 새재를 지나면서 급제 소식을 전해 들었다고 해서 붙여진 이름이다. 일본으로 가는 조선통신사 일행이 지나가는 길목이며 영남과 기호지방을 연결하는 자연환경만큼이나 독특한 소리와 향기를 가지고 있다.

백두대간이 흐르다가 문경새재를 이루는 주흘산 못 미쳐 대아산에서 남측으로 분기하여 운달산을 빚었다. 그 산자락에 신라 진평왕 때 운달 조사에 의해 창건된 천년 고찰 김용사金龍寺가 있다. 「무진등」이라는 책에 김용사와 이웃하고 있는 '문경문학관'을 중심으로 문경의 하늘과 땅이 빚어낸 문인들의 이야기가 세밀하게 담겨있었다.

불현듯 그곳의 풍경이 상상되어 궁금증의 날개가 펼쳐졌다. 문경의 품 안에서 얼마나 많은 문인이 문학의 꽃을 피웠고 지금도 피워내고 있는지. 시인이 사비를 들여 문학관을 지었다고 하는데 어떤 모습으로 문학이란 나무를 가꾸고 있는지 궁금했다.

대전에서 아침을 먹고 길을 나섰다. 내비게이션으로 문학관을 찍으니 승용차로 2시간 20분이 걸린다. 아이들이 어릴 때는 문경새재로 많이 놀러 다녔다. 시간의 공백이 큰 탓인지 가는 길에 마주치는 산천의 모습은 낯익은 모습이 아니었다. 문경 시내로 들어서니 다시 내륙 교통망에 편입되어 중원의 중심지로 부상하려는 듯 왠지 북적거리는 모습이다. 문학관은 시내를 벗어나 북쪽으로 한참 더 가야 했다. 2차선의 좁은 길로 접어드니 점점 마을은 보이지 않고 한적하다. 이런 시골에 얼마나 많은 사람이 찾을 거라고 문학관을 지었을까. 이왕이면 시내 가까운 곳에 지으면 더 좋지 않을까 하는 미련한 생각마저 든다.

산북면 초입에 들어서니 비로소 문학관이라는 푯말이 나타난다. 더 안쪽으로 들어가니 의외로 올망졸망한 마을이 형성되어 있는 것이 아닌가. 계속 길을 재촉하니 운달산 김용사 산문이 막 시작되는 곳에 문경 8경 중의 하나인 운달계곡을 저만치 두고서 책에서 본 문경문학관이 자태를 드러내고 있었다.

'문학에 빠지다'와 '개관 3주년'이라는 현수막이 건물 외벽에 세로로 길게 걸려있다. 문학관은 주변 산세와 정감있게 어울렸다. 지금은 겨울이라 찾아오는 사람이 드문지 청량한 산바람만이 썰렁하게 나그네를 반겼다. 문학의 문에는 걸림이 없다는 듯 입구에 출입문이 설치되어 있지 않다. 먼저 반기는 것은 웅장한 바위에 음각으로 새겨져 있는 '뿌리'라는 시다.

시인은 세상살이에 바빠 고향을 멀리한 채 근원을 잊고 생업에 몰두했다. 어느 날 비바람에 쓰러진 나무의 밑둥지를 보고 고향과 뿌리에 대한 그리움이 벌떡 일어났다. 연어가 태어난 곳을 향해 멀고 먼 길을 찾아가듯 근원을 찾는 날갯짓을 수시로 펄럭거렸다. 수십 년간 타향에서 아내의 손이 휘어질 정도의 노력 끝에 일군 재산을 일신의 치부가 아닌 문학으로 만나고 문학의 향기를 나누고 싶은 마음으로 문학관을 세웠다. 우리나라에 사립미술관은 있어도 사립문학관은 드물다. 건립비용도 그렇지만 콘텐츠를 만들고 운용자금을 마련하는 어려움이 커서 그럴 것이다. 기실 한적한 시골에 있는 문학관에 입장료를 내고 관람할 사람이 얼마나 있겠는가.

문을 열고 문학관에 들어가니 예상치 못하게 훈훈했고 이곳을 담당하는 문화해설사가 반갑게 맞이해주었다. 관람실 내부는 빈구석이 없을 정도로 기증받은 문학잡지와 구하기 힘든 서적들이 설명과 함께 잘 정리되어 있었고 시화가 걸려있다. 작은 도시 문경에 이렇게 많은 문인이 있었단 말인가. 보통 문학관은 이름난 문인의 발자취를 기리기 위해서 한 사람의 기념물을 모아 세운 것인데 이곳은 문경에서 나고 자란 문인들의 발자취를 모아놓아 이채로웠다.

신라시대 최치원 선생으로부터 시작해 고려, 조선, 일제강점기, 그리고 지금에 이르기까지 문경에서 문학의 향기를 일구어낸 문인들의 연보가 일목요연하게 정리되어 있다. 문경을 빛낸 작가 중 13인을 선정하여 대표 작품과 인물화 그리고 작품세계에 대해 미당 서정주 시인 등 내로라하는 문인들의 감상까지 있어 보는 재미가 쏠쏠했다.

시계방향으로 한 바퀴 빙 둘러보니 마지막에 퇴경당 권상로 박사가 생육신인 김시습의 잡저를 붓으로 옮긴 〈청한어淸寒語〉가 있었다. 퇴경당이 누구인가. 동국대 총장을 역임하고 〈조선불교사〉, 〈한국사찰전서〉, 〈삼국유사역강〉, 〈조선문학사〉, 〈한국지명문학고〉 등 불교 학술사에 많은 기여로 대종사라는 품계를 받은 스님이다. 〈청한어〉를 입수하게 되기까지의 인연을 풀어놓았는데 자기 문학의 뿌리인 백조 부님을 기리는 애틋한 마음이 절로 느껴진다. 아마 권 시인한테는 문학관을 세우는 일이 근원을 찾는 구도의 행위와 같았을지 모른다. 고향을 그리워하는 마음으로 뿌리를 찾아 이렇게 문학의 꽃으로 피워내고 있으니 그 정성과 마음의 향기는 대를 이어 전해지지 않겠는가.

문학관이 돈이 있다고 그냥 쉽게 만들어질 수 있겠는가. 지역 문인들과 소통하면서 협조를 구하고, 문인들의 자료를 모으고 전시실을 꾸미는 과정은 꽤 힘들었을 것이다. 겨울을 이기고 피어난 매화의 은은한 향기처럼 이곳에서 문학의 꽃이 피어나고 그 꽃의 향기가 널리 퍼져나가기를 바라는 마음이다.

문학이란 무엇인가. 어떤 이는 문학은 인간을 사랑하는 일이라고 했다. 문학은 인생의 무늬를 짜고 배우는 과정이므로 삶 그 자체다. 아니 문학은 인생이란 흙탕물에서 청정한 연꽃을 피워내는 일과 같으리. 문학이 있기에 사바세계는 그런대로 숨 쉴만한 삶터가 되지 않겠는가.

 운달산이 고요히 품어낸 너른 산자락에서 천년의 신비를 머금으며 불법의 향기를 피워내고 있는 김용사, 그리고 그 입구에서 문학의 싹을 틔우려고 닻을 올린 문경문학관은 잘 어울리는 한 쌍이다. 철새처럼 그곳을 찾아가 스치듯 문학의 소리를 들으니 두런두런 이야기를 건네며 말 없는 말로 보듬어 주는 듯했다. 아니 흐름을 거슬러 근원을 찾은 샘물처럼 한 모금의 물로 위로해 주는 것이 아닌가.

 문경에는 이제 새재를 통한 과거급제의 기쁜 소식은 들리지 않는다. 하지만 어깨동무하고 있는 운달산 자락에 새로이 움을 낸 문학관에서 문학의 소리로 기쁜 소식을 알려주고 있다. 문학관을 나와 김용사 산문으로 들어가니 때 묻지 않은 청량한 공기와 진한 솔향이 가슴으로 파고든다. 나그네의 마음은 어느새 맑고 한가한 청한淸閒의 마음을 닮아가는 것이 아니겠는가.

들꽃의 연주

　대전에서 금산 가는 국도변에 '마수리'라는 마을 표지판이 있다. 드물게 보는 이름 탓에 금산을 오고 가면서 늘 저 마을에 담긴 사연에 호기심이 살포시 일어나곤 했다. 지명 유래를 찾아보니 단순히 머리를 뜻하는 '마니'의 마, 말의 머리를 닮았다고 해서 붙여진 이름이라고 설명되어 있다.
　마수리 마을로 들어선 다음 더 안쪽 깊숙이 차를 타고 들어가면 홀연히 조그마한 터널이 나타난다. 터널을 지나 처음 마주치는 마을의 지명은 우곡리로 우리나라 말로는 '돌고개'다. 먼저 한옥 한 채가 나그네를 반갑게 맞이한다. 몇 년 전 이곳에 보금자리를 만들어 귀촌한 친구 부부가 사는 집이다. 그들은 나무에 둥지를 튼 올빼미처럼 마을의 애환을 살펴보며 신중년의 여유롭고 아름다운 꿈을 가꾸어 가고 있다.
　돌고개 마을에 깃들어 사는 사람들은 어떤 사연을 품고서 모진 비바람을 이겨내고 바위처럼 굳건히 살아가고 있는지. 저 멀리 눈 앞에 펼쳐진 금산의 진산인 진악산에 걸치는 구름만큼이나 이곳 삶에 대한 궁금증이 스멀스멀 밀고 들어왔다.

시골 생활이라는 게 해 뜨기 전부터 일하고 밤에는 사방이 깜깜해 일찍 잠드는 리듬으로 돌아간다. 이 마을은 깻잎 농사를 전문적으로 하는 곳이라 주중에는 농사일로 시간 내기가 힘들어 겨우 토요일 오후로 글쓰기 수업 일정이 잡혔다. 시골에서 살다 보면 농사일에 정신이 쏠려 다른 것을 할 엄두가 나지 않는다. 더더구나 글쓰기란 행위는 어쩌면 그들에게 아무 의미가 없는 '긁어 부스럼'일 수도 있다. 농사일에 함몰된 일상에 묻혀 지내다 보면 그날이 그날 같지만 무수한 이야기가 주름으로 잡혀 있을 것이다. 그분들의 살아온 기억이 망각의 강으로 흘러가기 전에 인생의 꽃으로 피워내야 하리라.

작년부터 시작한 코로나가 멈출 기미를 보이지 않은 채 일상까지 덮치니 다들 움츠릴 수밖에 없었다. 어수선한 분위기 속에서 예정된 날짜보다 '촌티학교' 수업이 늦게 시작되었다. 그런데도 계속 강화되는 거리두기로 시작부터 멈추었다가 다시 시작하기를 되풀이하는 힘든 가운데서도 이야기의 꽃들이 하나씩 피어나기 시작했다.

어느 한 사람의 인생 이야기가 가슴을 적시며 들어왔다. 그분은 과거의 추억에만 머물지 않고 지금 여기서 즐겁게 사는 분이다. 우리나라 나이로 산수傘壽에 접어들었고 동네 역사를 훤히 꿰뚫고 있다. 나이 들었다고 생각하지 않고 '자기다움'으로 동네를 지키고 있다. 자기 할 말은 하고 살겠다는 의지가 꼬장꼬장한 주름살 아래 눈빛으로 나온다. 나이 들어 새로움에 도전한다는 행위는 꽤 힘든 일이다. 이번에 글쓰기에 도전하면서 인생 이야기를 쏟아냈다.

  농사짓기도 힘든 게 시골 생활인데 짬을 내 취미생활을 한다는 생각은 그 자체로 사치일 수 있다. 그는 아코디언 소리가 좋아 배우고 싶은 꿈을 간직하고 있었다. 고희古稀에 들어서자 더는 지기가 하고 싶은 것을 미룰 수 없었단다. 딸과 함께 대전에 가서 80만 원을 주고 중고 아코디언을 구입하고는 매일 악보를 보면서 홀로 연습했다. 일 년의 노력 끝에 겨우 악보가 눈에 들어오기 시작했다. 그러던 차에 금산에서 아코디언을 가르친다는 학원이 생겼다는 소식을 듣고 본격적으로 배우기 시작했다.

  학원에 등록한 기간인 4년 20일 동안 일주일에 2번씩 금산 시내로 아코디언을 배우러 갔는데 한 번도 빠지지 않았단다. 아코디언 실력이 늘어나는 만큼 아코디언 악기의 등급도 올라가야만 했다. 200만 원을 주고 악기를 바꾸었다. 어느덧 나이 탓인지 아코디언을 타면 어깨가 아파 연주하기가 힘들던 차에 더 좋은 소리가 나고 가벼운 아코디언이 있다는 소리에 눈이 번쩍 떠었단다. 가격을 알아보니 천만 원 남짓. 아내한테 차마 말을 하지 못한 채 일단 사기로 마음먹고는 서울까지 가서 기어코 일을 저지르고 말았다. 그 아코디언은 노년의 반려자가 되었다. 몇 시간을 연주해도 어깨가 아프지 않다고 하면서 해맑게 웃는다.

  시골에서는 목돈 마련이 쉽지 않다. 취미생활을 위해서 돈이 많이 드는 악기를 산다는 것은 도시에 사는 샐러리맨한테도 쉽지 않은 일이다. 나 역시 정년퇴직 후 취미생활을 위해 아들 내외한테서 자전거를 선물 받았는데 백만 원이 조금 넘는 정도다. 그러니 천만 원을 주고 아코디언을 샀으니 가족들의 당혹스러움은 충분히 짐작하고도 남지 않겠는가.

이제는 학원에서 배우지 않고 혼자서 즐기면서 연주한다. 동네에서 행사가 있을 때면 아코디언을 연주하는데 80여 곡을 할 수 있다고 한다. 악보를 보지 않고 연주할 수 있는 노래가 50여 곡은 족히 된다고 하니 대단한 실력이 아닐는지.

그는 지금도 손가락이 굳어지는 것을 예방하기 위해 매일 아코디언을 연습할 정도로, 배움에 열정이 있다. 돌고개 마을에서 최고령 글쓰기 수강생이다. 노년에도 끊임없이 배우면서 살아야 한다고 말한다. 치매 예방을 위해서라도 배워야 하고 죽는 날까지 하고픈 것을 하다가 떠나면 여한이 없다고 한다.

여든이라 물리적 나이는 많다고 할 수 있겠지만 '마음먹기 나이'와 '배움의 나이'는 여전히 젊음을 유지하고 있다. 자식에 대한 사회적 짐을 벗었으니 자기 좋아하는 것을 하다가 가는 게 소원이라며 꿋꿋하게 자기 신념을 가꾸어나간다. 의무를 다한 후에 자유로운 영혼의 길을 따르며 즐기는 인생이 아니겠는가.

누구에게나 하고 싶은 일이나 취미가 있다. 세상살이가 만만하지 않듯이 돈이나 시간과 같은 여러 가지 제약에 매여 그렇게 할 엄두를 내지 못하거나 나중으로 미뤄두고 있다. 따지고 보면 처해 있는 조건으로 못하는 게 아니다. 미리 그은 한계에 굴복한 비겁함이나 현실과 적당히 타협한 열정의 부재로 그렇게 되는 것일지도.

한 사람 인생의 평가는 사회적 성공에서 의미가 주어지는 게 아니다. 인생의 단계마다 성취했던 일로 얻어지는 경험이리라. 인생이란 무대에서 모두가 선망하는 주연이 되었다 할지라도 언젠가는 무대에서 내려와야 한다. 눈에 잘 띄지 않은 조연은 평범하거나 시시해 보일 수 있다. 하지만 지금 서 있는 그 자리에서 자기만의 연기를 하며 자기의 뜻으로 사는 삶이 있기에 무대는 빛이 나고 세상의 무늬는 다채롭게 엮어진다. 삶의 의미는 다른 사람이 주는 게 아니라 스스로 만들어 가는 것이다.

나에게 시골은 늘 귀거래사를 읊으며 갈 수 있는 마음의 고향과 같은 곳이다. 사회적 짐을 벗어난 시골살이는 느긋하게 일상을 영위하고 즐길 수 있어야 한다. 시골 동네 모퉁이에서 안분지족의 여유로 꿈을 이루며 살아가는 한 사람을 보았다. 그는 돌고개라는 마을 이름을 닮아서인지 우직하게 자기만의 삶을 지켜나가고 있다. 농사일로 얼굴에 굵게 패인 주름살만큼이나 세월의 연륜은 깊어졌어도 아코디언 소리와 함께 아름답게 익어가고 있었다.

별난 사람들이 사는 맛

마을 머리 산인 고리산環山에 서면 대청호가 한눈에 들어온다. 가까이서 보면 매끈한 수직 암벽이 머리에 거무스레한 숲을 이고 호수를 향해 가녀린 자태를 뽐내며 꿈틀꿈틀 길게 뻗어 있다. 바로 옥천의 명승지 부소담악芙沼潭岳이다. 대청댐이 생기기 전 하천을 따라 길게 뻗은 산줄기가 연꽃처럼 아름답다고 소금강이라고 불리기도 했다. 대청댐이 생긴 후 호반과 어울려져 그 자태가 더욱 빛나면서 많은 사람이 찾고 있다.

옥천은 한강의 주도권을 놓고 백제와 신라 사이에 치열하게 벌어진 전쟁의 상흔이 짙게 드리운 곳이다. 그 전쟁 가운데 백제 성왕은 지금의 옥천군 군서면 월전2리 근방에서 신라군에 의해 사로잡혀 죽었고 소옥천 구진벼루 아래에 '백제 성왕 전사기'라는 유적비가 남아있다. 그곳에서 직선거리로 700여 미터 남짓 떨어진 고리산 정상에 신라에서 축조한 환산성터가 있다. 애달픈 역사는 바람 따라 물처럼 흘러갔고 그림 같은 풍경만 눈앞에 펼쳐져 있으니 세월의 덧없음만 새삼 되새길 뿐이다.

　그 산이 품은 곳에 처음 그곳으로 돌아온 사람들과 풀씨처럼 날아와 뿌리를 내린 사람들이 옹기종기 모여 살고 있다. 어릴 적 과수원에 흐드러지게 피었던 하얀 배꽃은 볼 수 없어도 시골이 주는 냄새와 넉넉함이 좋아 새가 둥지를 찾듯 되돌아와 깃든 옛 과수원집 아들도 있다. 경북 동해안 구룡포에서 태어나 촌티를 벗어나고 싶어 앞만 보고 달렸고 중년에 이르러 무엇에 이끌렸는지 바람처럼 이곳으로 스며들었다. 이제는 풀풀 촌티 나는 여인이 아니라 중년의 여유로움에 시골의 편안함을 갖춘 색다른 살림을 살아가는 이방인도 있다.

　대전에서 옛 경부고속도로를 타고 내려가다 보면 옥천군 중약리가 나타난다. 이곳은 물이 좋아 중약 막걸리라는 이름으로 제법 알려져 있다. 중약리 감로 마을은 감로甘露라는 특별한 이름을 가지고 있다. 중국에서 약 이천오백 전에 쓰인「노자 도덕경」에서는 감로를 하늘과 땅이 서로 화합하여 내리는 것이라고 한다. 불교에서는 천상 세계 중의 하나인 도리천忉利天에서 나오는 물이라 하며, 이 물을 마시면 신선이 된다는 전설도 있다. 감로라는 매우 독특한 지명을 가진 마을답게 마을 입구에는 사시사철 마르지 않은 샘물이 솟아나고 있다. 지금은 마을 상수도가 설치되어 이 물을 먹지 않고 있지만, 옛적 이 샘물은 동네를 먹여 살린 생명의 젖줄이었다. 그 물의 감화 때문인지 동네 인심은 이곳을 찾아 깃드는 타향사람을 너끈하게 받아들일 만큼 후덕하다. 이곳의 최고령자는 정정한 모습의 95세 할머니다. 글쓰기 재능기

부로 참여하는 '촌티학교' 글쓰기 수업 설명회를 하는 날 그녀는 또렷한 기억력으로 옛이야기 보따리를 물 흐르듯이 술술 풀어내어 이어질 수업 분위기에 대한 기대감을 한껏 부풀게 했다.

물이 좋아서인지 동네 분위기는 감로라는 이름만큼이나 남다르다. 보륜사란 절이 있다. 절의 일주문을 지나 안으로 들어가면 우측으로 '작은 영혼'이라는 펜션이 떡하니 자리 잡고 있는데 영성 상담을 하는 곳이다. 불교와 기독교가 같은 문을 공유하면서 각자의 살림을 꾸리고 있다. 그렇게 서로를 받아들이면서 조화할 수 있는 것은 다투지 말라는 물의 선善을 잘 실천하고 있는 증거이리라. 그 건물을 운영하는 이는 영성 심리상담을 하면서 서울에서 대전을 거쳐 촌티로 회귀한 포항 태생의 여류시인이다. 지금은 문학도의 길을 걷고 있지 않지만 꺼진 잿더미 속에서 타다 남은 문학의 불씨를 살리기 위해 물처럼 낮은 곳으로 내려와 촌티 학생이 되었다. 문학소녀에서 다시 시심詩心 그득한 문학 여성으로 되돌아와 거듭나고 있다.

시인 김춘수는 「꽃」이라는 시에서 "내가 그의 이름을 불러주기 전에는 그는 다만 하나의 몸짓에 지나지 않았다. 내가 그의 이름을 불러주었을 때 그는 나에게로 와서 꽃이 되었다"라고 말한다. 이곳은 십여 년 전에 뿌리를 내린 지인 부부가 살고 있어 나에게 특별히 기억되는 곳이다. 옥천 금산으로 귀촌한 부부 모임에서 '옥천댁'으로 불리는 그녀는 이곳의 부녀회장을 맡아 동네의 화합을 위해 풀씨처럼 손길을 나누며 '조화로운 삶'을 추구하고 있다. 그 부부는 시골에서 약초를 기르며 잡초처럼 살아가는 꿈을 갖고 있는데 지금은 생업에 바빠 잠시 꿈을 밀쳐두고 있다. 언젠가는 감로의 맑은 기운을 먹고 자란 약초를 기르며 들꽃에 묻혀 행복해하는 모습을 상상해본다.

감로마을은 대전 근교라 다양한 재능을 가진 이들이 저마다의 꽃을 피우면서 동네를 빛내고 있다. 카페를 하는 분, 성악을 하는 분, 바람 불고 새 울면 먼저 떠난 낭군님 생각에 가슴이 아려온다는 멋쟁이 노인회장도 있다.

사람들은 나이가 들면 어릴 적 정취가 그리워 인연 따라 시골에 깃든다. 밤하늘의 별을 바라보는 허허로움, 맑은 물과 청정한 공기가 주는 치유력, 시골이 주는 넉넉함, 도시에서 얽힌 인연에서의 풀림 등에 이끌려 이곳에 스며든 이들이다. 저마다의 사연들로 자기만의 꽃을 피워내고 있다. 처음 꿈꾼 대로 이곳에서 그들만의 삶을 온전히 누리고 떠났으면 좋겠다.

감로 마을은 특별한 곳이 아니라 기억되고 추억하는 사람들로 인해 그런 곳일 테다. 동네 어귀에 들어서면 맞이하는 감로의 물처럼 이곳의 아름다운 풍속이 세상 속으로 흘러 들어가 사람답게 사는 곳의 시원始原이 되었으면 좋겠다. 감로가 있고 부소담악의 맑은 정기를 품은 고리산이 감싸고 있는 곳, 그곳이 바로 도리천이 아니겠는가.

세상은 돌고 돈다. 어릴 적 콩나물을 키울 때 콩나물시루에 준 물은 빠져나가도 콩나물은 불쑥 자랐다. 그것처럼 정성을 쏟은 마음은 자취가 없지만, 그것을 먹고 자란 자식들은 어느 틈에 성장하여 곁을 떠나고 없다. 보이지 않게 어미로서 아비로서 자식으로서 부부로서 자기 역할을 다한 사람들이 이곳에서 별난 맛으로 살림을 꾸려가고 있다.

촌티를 벗어보니 촌티가 그립고 땅에 피어난 식물이 좋아 다시 시골로 돌아온 사람들이 뿌리를 내리고 있다. 저마다의 화사한 꽃을 피웠어도 이제는 들꽃이 되고 싶어 스며든 사람들이다. 감로의 산과 땅 물의 기운을 받아 진정 촌티 나는 별난 사람들이 꽃피우는 모습이 그리울 것 같다.

카톡방으로부터의 사색

어느 날 조용필의 노래인 '킬리만자로의 표범'이 들렸다. "나는 하이에나가 아니라 표범이고 싶다…… 산에서 만나는 고독과 악수하며 그대로 산이 된들 또 어떠리." 조용필 가수의 가슴을 파고드는 창법과 잘 어울렸다. 분분한 인연의 무게에 눌린 마음이 홀가분해졌다. 좀 더 단순한 삶의 방식으로 들어갔을 때 마주하게 될 외로움이 미리 위로되는 듯했다. 나이 듦에 고독을 벗어나라는 세상의 아우성에 아랑곳하지 않고 오히려 고독과 벗 삼으려고 하다니 시대의 역주행이다.

카톡 공화국이란 말처럼 사람들은 얼핏 몇 개의 카톡방에 들어가 있다. 그것을 통해 사회적 존재임을 확인한다. 그 공간에 발을 들여놓는 순간 처음 기대했던 모습은 점점 색이 바래진다. 수시로 아무 의미 없이 쏟아지는 글들, 시시콜콜한 잡담들, 일상의 사진들이 뭉게구름처럼 번져 나온다. 홀연 그런 공간에서 벗어나고 싶었다.

제법 친밀도가 높은 카톡방 두 곳을 동시에 떠나기로 했다. 지금껏 아무런 이해 얽힘 없이 비교적 잘 유지해오던 관계망을 탈퇴한다는 게 생각만큼 쉽지 않았다. 점점 나이 들며 외로움이 몰려오는 시기에 가장 정이 오고 가는 카톡방을 떠남은 스스로 고독을 자초하는 짓일 수도 있다. 그나마 인생의 끝까지 함께 가는 관계는 없을 거라는 생각으로 위안을 삼았다.

사적인 카톡방은 몇 명 되지 않는 데다가 추억의 퇴적층이 차곡차곡 쌓여 있어, 떠남은 균열을 일으켜 자칫 개인적인 인연의 단절로 이어질 수 있다. 동창회 같은 단체 카톡방도 여러 가지로 신경 쓰이기에 '조용한 탈퇴'라는 방법이 생겼을 정도다. 사적인 카톡방에서의 인연의 마무리는 '한두 철 전 만나고 가는 바람'처럼 인연에 걸맞은 인사말을 하고 퇴장하는 게 예의를 다하는 것이리라.

한 카톡방은 제법 오랫동안 함께 한 모임이었다. 퇴직 후 두 번째 진로를 모색하는 차에 수필 문학이라는 공간에서 만나 10년 남짓 알고 지내 온 인연들이었다. 오프라인부터 시작해 카톡으로 연결되었으니 제법 세월의 풍상을 겪었다. 생일을 기념하여 기념 파티를 함께할 만큼 정이 흘렀다. 인연이라는 게 참 묘했다. 오래되면 익어가는 줄 알았는데 세월 따라 인연의 색깔이 흐려지는 게 아닌가. 아니 처음 풋풋했던 속살이 융합될 수 없는 화석처럼 딱딱해져 갔다. 침묵 사이로 간혹 비치는 빛을 보니 서로 지향하는 바가 다르고 정을 쏟는 정도가 다른데도 익숙한 관성에 의해 흘러가고 있었다. 함께 했던 날들은 소중한 추억이지만 불편한 그림자가 카톡방에 스며들기 전에 인연의 쉼표가 아닌 나만의 마침표가 필요한 듯했다.

"길게 이어져 온 숲길의 갈림길에 이른 듯.
그동안 이 방에서 함께 한 시간은 즐거운 추억이었습니다.
건강하시고 늘 좋은 일 많으시기를."

또 다른 카톡방은 자전거 동호회였다. 비슷한 나이대의 회사 동료였고 퇴직 후 같은 취미로 친목을 함께 한 모임이었다. 건강 때문에 어쩔 수 없었다. 추억을 만들었고 부푼 꿈도 많았지만 겨우 건강을 회복한 몸으로 함께 페달을 밟아 나가기에는 무리였다. 게다가 자꾸만 옛날 다니던 회사의 인연에 묶이는 듯했다. 남아있으라는 정에 마음이 많이 흔들렸지만 모질게 마음을 먹고 시효가 지난 인사말을 건넸다.

"작년 초에 지병이 재발하면서 생각이 많았습니다. 모임의 취지인 자전거 타고 세계로 나가기에는 속도나 거리가 버거운 듯합니다. 그간 베풀어준 많은 후의에 그저 미안할 따름입니다. 몇 년 동안 친구들과 함께 페달을 밟은 기억은 제 인생에 잊지 못할 소중한 추억입니다. 늘 건강하시고 행복하시기를."

그런데 참 쓸쓸했다. 오래된 인연이 깃든 곳은 할 말이 많을 듯한데 막상 마음을 정리하니 자꾸 생각이 다듬어져 쓸 말이 줄어들었다. 하고 싶은 말을 해서 풀기보다는 하지 않고 세월 따라 추억을 삭이는 편이 마음으로 더 편해서 그런 듯했다. 오히려 같은 취미로 만난 동료 같은 사이에서는 속에서 하고픈 말들이 가볍게 나오는 게 아닌가.

카톡방은 사람과의 관계망이다. 관계는 감정의 연결이다. 내가 보이지 않게 받은 감정의 소모가 있듯이 나의 의도하지 않았던 행위도 파문처럼 타인의 감정을 건드렸을 수도 있다. 친밀할수록 감정의 접촉면이 넓고 서로 기대하는 게 많아 실망도 생긴다. 사람과의 관계에서 적절한 감정선이 그어진 거리를 찾아 조화를 이룸은 여간 어려운 일이 아니다. 가까워진다는 건 그만큼 섬세한 감정의 접점이 넓어지므로 감정의 배려에 더 주의를 기울여야 한다.

사람과의 관계는 자주 보지 않으면 마음이 자연히 멀어진다. 우리끼리 카톡방에 있으면 만나지 않더라도 가끔 뜨는 메시지를 접하는 것으로 심리적으로 연결된다. 그러함에도 연결을 끊는다는 것은 고독을 껴안는 몸짓일 것이다. 홀로 있음의 충만과 고독이 주는 자유는 단절의 고통 없이 찾을 수는 없다. 카톡방은 즐거움이 오고 가는 놀이터일 수도, 인연을 옥죄는 굴레 같은 곳일 수도 있다. 하지만 모든 것은 무상하니 연연하지 말라는 모래 위 수놓은 만다라 같을지도.

제4부

마음의 지도

뜻밖의 위로

걸려오는 전화가 많지 않은 단순한 생활이다. 덤덤한 생활에 차츰 익숙해져 가고 있었다. 그런 생활에 돌연 미세한 떨림이 일어났다. 최근에 『1cm의 기다림』이라는 책을 출간하고 나니 모르는 번호를 통해 가끔 전화가 걸려오거나 문자가 날아왔다. 그렇다고 하더라도 예기치 않은 시끄러운 소리를 싫어해 무음으로 설정해 전화를 직접 받는 경우가 드물다.

아침에 차를 타고 시각장애인 글쓰기 수업에 가려고 하는 참이었다. 낯선 번호로 전화가 걸려왔다. 발신자가 ○○○교육감이라고 뜬다. 교육감이 아침부터 생면부지의 사람에게 웬 전화를 다 하셨을까. 한 번도 일면식이 없었는데. 뜻밖의 일이라 적이 당혹스러웠다.

전화기로 목소리가 들려왔다. 나지막한 톤에 부드러운 말투다. "책을 읽으면서 공감되는 부분이 많은 좋은 작품이라고 하면서 저자한테 직접 전화를 걸었다고 한다. 혹 교육청사를 지나칠 때 잠깐 들릴 시간이 있으면 차 한 잔 들고 가라"고 말씀하시는 게 아닌가.

말 많고 탈 많은 세상에서 조직을 이끄는 기관장의 처신은 여간 어려운 게 아니다. 하물며 일면식도 없는 지역의 평범한 작가가 쓴 책을 읽고 직접 전화를 걸어 공감한다고 말을 건네기는 쉽지 않다. 비서를 시켜 전화를 걸거나 받을 수도 있을 텐데 말이다. 미래세대의 교육을 이끄는 리더답게 예의에 밝고 공사의 구분이 분명한 분이 아니겠는가.

사실 보내준 책을 읽고 좋다고 해서 얼굴을 모르는 저자한테 전화를 건다는 행위는 생각은 할 수 있지만, 막상 실행에 옮기기까진 상당한 용기가 필요한 일이다. 나에게도 출판된 책들이 더러 보내져 오지만 겨우 예의를 차린 문자를 보내는 정도가 고작이었다. 읽어주는 걸로 예의를 차린 것으로 여겼다. 간혹 공감되는 책이 있다고 하여도 전화를 건다는 생각은 하지 못했다. 겸연쩍기도 하고 번거로울까 봐 그런 생각이 일어나도 조용히 접고 말았다.

우리 사회는 본의가 왜곡되게 전달되거나 악용하는 사례가 너무나도 많아 말 하나 행동 하나도 늘 조심스럽게 처신해야 한다. 그러니 출세의 사다리를 높이 올라갈수록 자기 뜻대로 행하거나 말하기가 여간 어려운 게 아니다. 광역시 교육감이라는 자리에 오르기까지 인연으로 묶인 시시비비의 세찬 바람을 얼마나 많이 맞았겠는가. 자칫 사소한 말 한마디가 일으키는 나비효과를 헤아려 보아겠지만 내면에서 일어나는 마음의 움직임을 따라 전화를 하였을 것이다.

작곡가나 미술가들의 작품이 아무리 훌륭할지라도 작가의 삶과 다르듯이 작품이 작가가 아니다. 작가가 작업하는 과정에서 아무리 자기의 마음을 다 쏟아 만들어도 완성되면 작품과 작가는 이미 남남의 길을 걷는 타인에 불과하다면 지나친 말일까. 소설가나 시인도 그러할 터. 그들이 남긴 글을 통해 위로를 받는 것이지 그들의 삶에서 위로를 받는 것은 아니다. 오히려 우수한 작품을 남긴 분들이 자살이나 불행한 결말로 끝난 경우도 얼마나 많이 있는가.

  수필은 다소 다르긴 하다. 수필 한 편의 글에는 작가가 그동안 경험한 숱한 사건들 속에서 형성된 내밀한 정서를 오늘의 사건에서 작가가 성찰한 색깔로 드러내게 된다. 그렇다 하더라도 곧 작가의 삶과 같지 않을 것이다.

  이런 사실을 잘 알면서도 자리에 묶인 무거움에서 평범함으로 내려와 직접 전화를 주신 것은 무척 용기 있는 행동이다. 마음에서 일어나는 순수함을 갉아먹는 사회적 제약을 물리치고 한 손 뻗어 다가감은 평소 갈고 닦은 마음공부에서 나온 것일 테다. 나는 그분을 통해 먼저 베풀 줄 모르는 나의 내면의 허약한 경지를 알았다. 우리 사회는 높은 지위에 올라갈수록 공감 능력이 떨어지는 현상이 자주 일어난다. 공감은 먼저 낮은 자리로 내려와야 한다. 지금 우리 사회에 꼭 필요한 것은 사회 지도층의 공감하는 소통방식이 아니겠는가.

  한 사람의 겸허한 마음이 일으킨 조그마한 불빛을 내면에서 보았다. 그것은 그분의 가슴이 사회적 무게에 함몰되지 않고 여전히 자기만의 삶을 굳건히 지켜내고 있는 징표일 것이다. 나에게 왔던 그 빛이 계속 이어지도록 해야 하는 일은 나의 공부 숙제로 남았다. 가을의 그림자가 점점 짙어가는 시간에 생각지도 못하게 따뜻한 사람의 향기를 맡았다. 아니 격식을 떠난 소탈하고 진솔한 사람의 용기 있는 소리를 들었다. 그런 인품을 가진 분들이 이 사회 곳곳에 널리 퍼진다면 인문의 결은 더욱 맑고 빛나지 않겠는가.

흰빛의 그리움

주문진 앞 동해는 온통 흰 빛이었다. 포말이 인정사정없이 누런색의 모래를 할퀴고 있듯, 하늘에서는 금방이라도 눈을 퍼부을 듯, 공기마저 착 가라앉아 대설을 예고하고 있었다. 망망대해 수평선까지 배 한 척도 얼씬거리지 않았다. 인간이 얼마나 왜소한 존재인지. 거대한 벽으로 밀려오는 바다는 마치 지상의 무법자임을 증명하기라도 하는 듯했다.

10일 동안의 어려운 숙제가 끝났다. 손자 녀석이 다니는 유치원에 코로나 확진자가 나와 재택 격리를 해야 하는데 격리 기간이 끝나자마자 바로 유치원 방학이라 손자를 대전에 데리고 왔다. 손자 돌봄은 몸으로는 힘들어도 기쁨이 새록새록 돋아나는 시간이었다. 서울로 올라가 부모한테 안겨주었다. 무거운 짐을 내려놓은 한편으론 서운하기도 했다. 아쉬운 마음 너머 언제나 마음속에 저장된 그리운 동해를 보며 피곤함을 풀고자 하였다. 집으로 바로 내려가지 않고 서울-양양

고속도로를 타고 강원도 동해안으로 무작정 떠났다. 가는 날이 장날이라고 속초지역에 대설경보가 예보되었다. 아무리 그래도 늘 벼르고 벼르다가 마침내 그 길에 오른 강원도 바닷가 여행이 아닌가. 동해의 거친 바다를 보고 싶은 욕망이 설국에 가두어지는 두려움의 무게를 눌렀다.

주문진 앞바다에서 만난 겨울의 동해는 온통 차디찬 흰빛의 일렁거림이었다. 거세게 휘몰아치는 바람과 함께 파도는 집채만 한 크기로 하얀 너울을 거세게 사위로 퍼트리고 있었다. 포말과 함께 울부짖기라도 하는 듯한 물보라는 먹이 사냥을 막 마친 사자가 거친 숨을 뱉어내듯 헉헉거렸다. 파도는 무법자라도 된 듯 자기 소리에 모든 소리를 삼키고 있었다.

파도는 바람 따라 밀려오다 제 높이보다 낮은 곳의 땅을 만나면 흰빛의 눈가루를 허공에 뿌린다. 보이지 않는 곳과 보이는 것들의 오묘한 조화에서 사물은 약동하는 기운으로 새로운 모습으로 태어난다. 바다의 힘은 유동이다. 잠시도 가만히 있는 법이 없다. 바다는 파도의 일렁거림으로 생명의 힘을 대지에 퍼트린다.

세파에 찌들어 머리가 무거울 때면 바다의 너울을 바라보며 '멍 때려 보는' 것은 세속의 인연에서 벗어나고자 하는 유희다. 잡념으로 칙칙해진 머리는 어느새 너울에 씻겨나간다. 동해의 겨울 바다는 신비한 힘을 지니고 있다. 끝없이 이어지는 수평선 앞에 아무것도 걸리지 않는 호방함을 던진다. 서해나 남해는 섬들에 갇혀 수평선을 보기가 힘들고 바다에 사람 냄새가 너무 많이 있어 야성의 힘을 느끼지 못한다.

동해는 야성의 거친 바다다. 겨울의 을씨년스러운 바람 탓인지 바닷가에 사람이 얼씬거리지 않았다. 여름의 작열했던 무더위 속에서 백사장을 채웠던 사람들의 자취는 어디 가고 모래밭만이 덩그러니 민낯을 드러내고 있다. 오늘이 크리스마스 이브지만 아무래도 다시 들불처럼 번지는 코로나 앞에서 다들 움츠린 탓일 성싶다.

천천히 백사장을 걸었다. 바람을 거슬려 뒤돌아 걸었다. 저기 한 여인이 온몸을 코트로 걸치고 얼굴만 삐죽 나온 채 스냅사진처럼 뛰어오고 있다. 얼핏 삼십여 년을 거슬러 한창 아리따웠던 20대의 그 몸짓이 스며 나오는 것이 아닌가. 늘 할머니의 역할에 익숙한 나머지 본인도 나도 그냥 할머니로 받아들이고 있었는데, 할머니라는 이름으로 감추어진 너머에는 이름으로 가리지 못한 여성상이 숨겨져 있었다. 엄마와 할머니로 이어지는 책임감이란 이름 앞에서 삼십여 년의 세월 동안 숨겨둔 여성상이 아지랑이처럼 순간 피어나고 있는 것이 아닌가.

세월 앞에 뉘라서 버틸 수 있단 말인가. 파도가 포말이 되어 산산이 부서져야 다음의 파도가 또 와서 부서지면서 바다는 약동하는 존재로 거듭난다. 너와 나도 언젠가는 부서져 흩어져야 다음 세대가 또 밀려오고 그러면서 삶은 이어지는 것이 아니겠는가. 인생은 파도가 물 위에 순간 일렁거린 것처럼 잠시 왔다가 가는 것일 뿐이다. 세월의 무상함을 뭐라고 말할 것인가. 삶이란 파도처럼 물 위에 부유하는 짧은 순간에 지나지 않는 것을.

속초 시내로 깃들었다. 온통 하늘은 무겁게 내려앉는 듯했다. 소리마저 눈의 무게에 사그라드는 듯했다. 저녁 무렵 서서히 눈발이 날리더니 찬바람과 함께 눈발이 굵어지기 시작했다. 모텔에서 아침에 눈을 뜨니 온통 흰빛이었다. 차는 반쯤 눈에 묻히고 아예 도로는 자취를 감추었다. 처음 보는 기록적인 폭설이었다. 새벽부터 눈밭을 헤쳐 나가려고 시도했던 차들은 도로 위에 대각선으로 속절없이 퍼져 있었다. 온통 삐용삐용 울어대는 사이렌 소리만 가득 거리를 채웠다.

인간사의 고난을 아랑곳하지 않고 나무들은 눈을 뒤집어선 채 설원의 아름다운 풍경을 연출하고 있다. 폭설에 강추위를 동반하니 내린 눈이 그냥 나무에 쌓여서 마치 설원의 나라인 듯한 풍경을 지어내고 있지 않은가. 서서히 머릿속은 하얘지기 시작했다. 어떻게 이 눈길을 헤치고 대전으로 내려갈 수 있을까. 걱정을 잠시 밀쳐두었다. 그러자 내 안에 잠자고 있었던 본능이 깨어났다. 눈을 실컷 보고 즐기자. 언제 다시 이런 눈을 볼 수 있을 것인가 하면서….

동해의 휘몰아치는 파도, 온통 하얀 눈을 이고 있는 풍경은 타성에 함몰된 야성을 깨우는 몸짓이었다. 나도 눈에 갇히는 나약한 존재가 되기를 거부했다. 겨울 동해는 흰빛의 그리움이란 이름으로 오랫동안 기억에 남아 있을 것이다.

나를 멈추게 하는 것들

　세계는 평평하게 연결되어 있다고 믿었다. 세계 각지에서 생산되는 상품이 국경을 넘어 시간을 다투며 무한정 우리에게 달려왔다. 인터넷으로 연결되니 지구촌 소식마저 순식간에 전송되었다. SNS를 통해 세상의 소리며 모습이 우리의 일상을 파고들었다. 시간을 느끼는 감각은 실시간으로 바뀌었다. 세계는 무한속도 무한 경쟁의 무대였다.

　날로 진화하는 인터넷과 인공지능의 힘이 몰고 온 물류 혁명으로 더 빨리 배송에서 당일 배송을 넘어 급기야 새벽 배송의 시대를 열었다. 이제는 중국의 물류가 유통시스템의 혁신으로 우리의 소비시장을 무섭게 파고들고 있다.

　숨 막히게 바삐 돌아가는 우리를 코로나가 일순 멈추게 하였다. 무한히 확장되던 공간이 쪼그라들었고 대신 가상의 공간이 빠르게 펼쳐졌다. 코로나가 돌풍처럼 지나가 버리니 그렇게 엄청난 사건도 벌써 기억에서 조금씩 멀어지고 있다. 하지만 코로나-19는 지금까지 당연하다고 여겼던 평범한 일상이 당연한 것이 아닌 너무나 특별한 선물임을 깨닫게 해준 대사건이었다. 나의 기억에서 코로나만큼 일상을 겁주며 일시에 멈추게 한 것이 또 있었을까.

　코로나는 또 다른 세상을 보여주었다. 멈추고 바라보니 세상은 달리 보였다. 지금껏 크고 빠르고 편리하고 강한 것이 우리를 행복하게 해주는 줄 알았는데 그게 아님을 깨닫게 해준 것이다. 정작 조그맣고 연약한 사물에 눈을 뜨고 공감하는 능력이 우리한테 참으로 필요했다. 행복은 외부에서 찾아지는 게 아니라 우리 마음 안 깊숙이 꼬옥 숨겨 놓았던 듯하다. 행복은 소유가 아니라 발명과 같다. 아니 발견하는 것이리라. 물질생활의 절대빈곤을 벗어난 지금은 남과 나의 비교에서 오는 상대적 행복보다는 마음 저 밑바닥에서 올라오는 영혼의 소리에 귀 기울여야 한다. 소소하고 시시해 보이며 늘 반복되는 일상의 평범함 속에서 의미를 찾을 줄 아는 사람이 진정 행복한 사람이리라. 그런 사람들이 진정으로 인생의 신비에 눈뜬 사람이 아니겠는가.

　그동안 빠르고 크고 편리한 것이 좋다고 세뇌되었다. 자극적이고 감각적인 일방 정보에 의해 서서히 중독되고 지배되었다. 출처를 알 수 없는 거짓 정보에 물들어갔다. 정보 지식 사냥꾼의 표적이 되었다. 잠시 멈춰 보니 천정부지로 뛰었던 집값만큼이나 거품을 쫓은 것을 알게 되었다. 알고리즘이 우리 생활 곳곳에서 보이지 않은 눈이 되어 효율적인 세상으로 이끌어 주었다. 우리는 차츰 알고리즘에 의해 만들어지는 세상으로 유도되어 무감각하게 되었다. 알고리즘이 만든 세상이 진짜인 줄 알았다. 의외로 잠시 생각의 속도를 늦추니 우리가 늘 무심코 지나쳤던 낮고 연약한 것이 들어왔다. 이런 게 진정 마음속으로 원하는 것이 아닐까 하는 생각이 들었다. 나만의 기준으로, 나만의 방향과 속도로 세상의 흐름을 보니 또 다른 무언가가 새롭게 펼쳐지고 있었다. 우리는 너무 속도에 취하고 숫자의 비교에 함몰된 나머지 유행과 세태를 따라가는 데 급급했다. 멈추면 곧장 퇴보로 여겨질 수밖에 없었기에 빠르게 달리는 궤도열차 대열에 합류코자 기를 쓰고 바둥거렸다. 코로나는 그 대열에 균열을 일으킨 것이었다.

나를 멈추게 하는 것들에는 어떤 것들이 있을까. 겨울이 끝나가는 이른 봄에 계곡 얼음 밑으로 졸졸 흐르는 물소리, 산길을 걷다 순간 불어오는 한 줄기 시원한 바람, 공원에서 새들이 지저귀는 소리, 봄날 사방에서 피어오르는 소리 없는 꽃들의 함성, 조용히 대지를 적시며 차 지붕을 때리는 빗소리, 시냇가 돌 사이로 졸졸 통통거리며 내는 물소리, 아스팔트나 콘크리트 틈을 헤집고 피워낸 풀꽃, 노부부가 손을 잡고 나란히 걷는 모습, 호수에서 유유히 헤엄치는 오리 떼, 시골에서 올려다보는 밤하늘에서 보이는 별 무리, 커피숍에서 혼자 찻잔을 두고 조용히 커피를 마시는 여인, 놀이터에서 깔깔대며 웃고 떠드는 아이들의 해맑은 웃음소리는 잠시 생각을 멈추게 하고 동심으로 돌아가게 한다.

이 밖에도 세찬 비바람은 나의 지나간 허물을 생각하게 나를 멈추게 한다. 천둥과 번개가 치면 인간이 얼마나 왜소한지, 존재의 가벼움으로 멈추어 돌아보게 된다. 상가 출입문에 임대라는 표지판과 폐업이라는 현수막 앞에서 지금의 나의 처지에 감사하며 연민의 눈으로 세상의 슬픔을 돌아본다. 젊은 날 추석 연휴에 가족과 함께 고향 집 다녀오면서 덕유산을 넘을 때 바라보던 보름달은 손에 잡힐 듯 붉게 두둥실 떠올랐다. 세상사 힘들어도 그때를 생각하면 행복한 시절로 돌아가곤 한다.

  길을 가다 멈추게 하는 것들이 많은 도시가 여유와 공감이 있고 슬픔과 기쁨에 대한 자정능력이 풍부해 숨 쉴만한 곳이리라. 늘 다니는 우리 동네에도 나를 멈추게 하는 곳을 찾아 찬찬히 두리번거리며 어슬렁거려보고 싶다. 그때 어딘가에 숨어있다가 불쑥 튀어나와 나에게 말을 걸어올지 모른다. "참 오랜만이라고. 세상은 살만하고 쉴만한 곳인데 그것을 아직도 찾지 못하고 있다니 눈 뜨고도 감은 자의 슬픈 운명이라고."

  우리의 삶이라는 게 회전목마를 탄 것처럼 오르락내리락하며 정해진 궤도를 도는 것일지도 모른다. 길 가다 잠시 걸음을 멈추어야 비로소 보이는 것이 있다. 나는 일상을 발견하는 여행자로 소풍 가듯 놀다 떠나고 싶을 뿐이다.

우연인 듯 필연인 인생

　세상은 우연과 필연이 새끼줄처럼 꼬이는 무대이다. 우연을 핑계로 가장 중요한 시점에서 필연처럼 차에 문제가 생겼고 다행히도 사고 없이 우연한 곳에서 필연처럼 차를 고쳤다. 불행 중 큰 행운이라는 생각이 든다. 인생의 행운과 불행은 한 몸뚱어리인 듯 서로 갈마든다.

　해마다 4월이면 고향 옛집에 내려간다. 안양에 사는 형 내외가 대전으로 내려오면 한 차로 움직인다. 우리는 모두 백수 대열에 합류했지만, 형은 손녀들 육아 문제로 평일에는 시간이 없어 주말에만 움직인다. 빈집을 청소하고 부모님 산소를 찾아뵙는다. 올해는 마산으로 건너가서 형제간 우의를 다지고 다음 날 할아버지 산소가 있는 현풍에서 큰형과 큰누나 내외를 만나 아흔을 훌쩍 넘긴 고모를 찾아뵙는 특별한 일정이었다. 이동 차량은 15년 차에 들어간 2009년식 그랜져로 주행거리가 32만 킬로미터에 달했다. 이 차를 타고 먼 거리를 이동하기에 조심스러워 엔진오일을 갈고 앞타이어 두 짝을 새로 갈며 점검

했다.

고향 집 마당 잡초 방지를 위해 미리 사두었던 인조 잔디 한 꾸러미와 굵은 마사 두 포대를 차에 실었다. 성인 4명이 타고 실은 짐이 무겁다 보니 속도 방지턱 앞에서 브레이크를 밟아도 몇 번이나 쿵 하는 소리가 났다. 기분이 좋지 않았다. 금산 고속도로 I.C에 진입하고 있는데 조그마한 싱크홀이 많았다. 몇 번 퉁 하고 지나는데 갑자기 차가 미끄러지듯 심하게 흔들렸다. 계기판에 'VDC OFF'가 뜨고 차가 아무래도 이상했다. 속도를 늦추며 가까운 거리에 있는 졸음쉼터로 가서 살펴보았다. 외관상 특이 사항이 없어 인터넷을 검색하고 사용설명서를 뒤져보고 평소 점검하는 서비스센터에 문의해도 그게 그거였다. 어차피 내려가야 했다. 고속도로에서 비상 라이트를 켜고 시속 70km 정도로 달렸다. 옆에 탄 아내는 식은땀이 난다면서 계속 속도를 낮추라고 말한다. 내려가면서 아내는 진주에 있는 정비업소를 수소문하는데 토요일이라 문을 닫은 곳이 많았다. 어찌어찌해서 개인이 하는 정비소와 연락이 되었다.

점검 결과 뒤쪽 뼈대인 활대가 심하게 부식되어 바퀴 고정용 볼트가 떨어져 나가 바퀴 4개의 '휠 발란스'가 맞지 않아 흔들려 발생한 거였다. 사장은 차가 달리다가 자칫 주저앉아 대형 사고가 날 뻔했다고 눈을 부라리고 말한다. 수리 비용이 백만 원 정도란다. 폐차해야 하나 잠깐 망설였지만, 엊그제 고치기도 해서 아직은 차에 대한 애정이 남았다. 사장이 속일 것 같지 않고 수리 프로세스를 자세하게 설명해주어 믿음이 갔다. 수리를 의뢰했다. 연식이 오래된 차라 부품 여부를 인터넷으로 확인하더니 주문 후 고치기까지 일주일쯤 걸린다고 한다.

차를 맡기고 '쏘카 렌트'에서 하려고 하니 운전면허증과 신용카드를 찍어야 했는데 운전면허증이 없어 쉽지 않았다. 다른 곳은 '쏘카'보다 비용이 2배나 되었다. 망설이고 있는 참에 형이 장조카한테 전화하니 한 시간 이내에 올 수 있는 거리에 있었다. 조카의 차에 짐을 옮겨 싣고 남자 셋만 고향 집에 가서 일을 보았다.

조카네는 돌아가고 우리는 대전으로 가서 다시 차를 가지고 와야 해서 저녁 버스로 올라갔다. 다음 날 아내의 조그만 차로 현풍으로 내려갔다. 할아버지 산소에는 큰형과 큰누나 내외가 미리 와 있었다. 그리 멀지 않은 고종사촌 누나네 집으로 갔다. 75세인 누나가 치매를 앓고 있는 98세인 고모와 뇌출혈로 거동이 불편한 남편을 보살피고 있었다.

몇십 년 만에 보는 고모는 우리를 알아보지 못했다. 고모의 손에는 어떤 감정도 들어가 있지 않은 듯 딱딱했다. 인생의 마무리는 무엇인가. 죽음이 출구인 듯 불꽃이 사그라드는 인생의 끝 무렵을 본다. 이제 헤어지면 살아서는 뵙지 못한다. 효심 깊은 누나는 양로원에 어머니를 보내지 않겠단다. 누나가 역할을 잘하고 건강하기를 마음속으로 기도해본다.

사람이 오래되면 아픈 곳이 많고 자칫 추해지기 쉽다. 일상생활을 남의 도움에 의지해야만 살아갈 수 있다면 사는 게 무슨 의미가 있을까. 때가 되면 필연인 듯 우연처럼 가야 하는데 뜻대로 안 되는 게 인생이 아니겠는가.

그로부터 5일 뒤 차를 찾으러 혼자서 버스를 타고 진주에 내려갔다. 홀가분한 마음으로 터미널에서 남강을 따라 천천히 촉석루 쪽으로 걸어갔다. 남강은 넓고 고요하고 운치가 있었다. 저 멀리 아치형 남강교가 우아한 자태를 뽐내고 촉석루가 우뚝 솟아 있었다. 조선시대 평양 부벽루와 함께 쌍벽을 이르는 누각이다. 촉석루에 오르니 전면에 시원하게 보이는 남강, 그 너머 망진산이 받쳐주고 바로 상류에서 나불천이 남강과 만나 조그만 백사장을 이루고 있어 가히 절경이다. 언제 봐도 웅장하면서도 시인 묵객의 회포를 울릴 멋스러움을 가지고 있다. 천장에는 이름난 묵객들의 현판이 걸려있다. 천년의 도시 진주는 남강과 촉석루, 임진왜란의 진주대첩, 정유재란의 치욕적인 패배와 논개의 의거로 문학의 숨결이 끊이지 않는다.

남강이 들려주는 추억을 뒤로 하고 정비소로 갔다. 대기하는데 손님인 듯한 여성이 "여기 사장님은 자동차 수리 명장입니다."라고 말을 건다. 하긴 정비를 맡긴 날 자신감 있게 상세한 수리 프로세스를 알려주어 믿음이 갔었다. 사장은 힘들게 고쳤음에도 내색하지 않고 생각보다 저렴하게 90만 원을 청구했다. 오히려 나에게 부담 줄까 봐 말을 참 겸손하게 하는 것이 아닌가. 그동안 서비스센터에서 점검을 받았지만 한 번도 이런 문제점에 대해 말해주지 않았다. 작년 자동차 정기 검사 때 하부가 부식이 심해 차가 주저앉을 수도 있다는 말을 처음 듣긴 들었다. "그때 어떤 방법이 있나요."라는 나의 물음에 직원은 무응

답이었다. 꺼림칙하였지만 더는 깊게 생각하지 않았다.

　차도 오래되면 수리하는데 돈 너무 쓰지 말고 적당한 때에 폐차가 정답이다. 하지만 오래 타다 보니 정이 들었다. 인생 후반전에서 신형 차를 구매하기에는 부담스럽고 그렇다고 중고차를 사기에는 좀 그랬다. 돈을 들여 고쳐 놓고 보니 제법 튼튼하게 여겨진다.
　세월에 삭아가는 것은 차뿐만 아니라 우리 인생도 그러하리라. 사람과의 만남도 인연만큼 오고 가지만 인연도 가꿀 줄 알아야 익어가고 오래 간다. 어떤 인연을 만나 어떻게 가꾸는가에 따라 인생의 마지막으로 향하는 경로가 사뭇 다르겠지만 마음대로 되지 않는 게 인생이다. 그냥 바람 같은 인연에 맡겨놓고 흘러갈 수밖에 없다. 촉석루 위에서 바라본 남강의 푸른 물결은 말없이 답을 알려주는 듯 유유히 내 마음속에서 흘러가고 있다.

비싼 수업료

 여름이 되면 벌레들은 독성이 세다. 아로니아 열매는 8월 초부터 수확한다. 그동안 일하면서 더러 풀쐐기에 쏘였지만 참을 수 있을 만큼의 짜릿한 정도였다. 그해에 풀쐐기에 쏘인 아픔은 타닥타닥, 정신을 잃을 정도로 극심한 통증으로 각인되었다.
 퇴직을 몇 년 앞두고 시골집과 도시를 오가며 전원생활을 맛보기 시작했다. 정년 후 남는 시간에 텃밭보다는 조금 더 소일거리삼을 정도의 일이 있으면 좋겠다고 싶었다. 운이 좋았는지 지인의 소개로 시골집 입구 건너편에 밭처럼 조성된 임야를 샀다. 면적이 400평으로 적당하고 도로에서 접근이 쉬웠다. 밭에다 뭘 심을까 하고 고민하다 그 당시 막 뜨고 있는 아로니아 나무가 손이 덜 가고 추위에도 강하다는 말을 듣고는 제격이구나 싶었다. 늦가을 농원에 가서 포트에 심긴 묘목 400그루를 한 주당 사천 원에 샀다. 돌이켜보니 터무니없이 비싼 가격이었다. 평생 매달 꼬박꼬박 나오는 봉급만 받고 산 사람은 사람에 대해, 세상에 대해 아는 게 없다. 말로만 다 아는 바보라고나 할까.

이듬해 봄에 고랑을 만들고 나서 막내아들과 아들 친구의 도움을 받아 하루 만에 나무를 심었다. 농사는 뭐니해도 잡초와 아카시나무, 칡덩굴 등과 같은 침입자들과의 싸움이다. 이를 막고자 아로니아 나무 주변을 별 고민 없이 농촌에서 흔히 사용하는 차광망으로 덮었다.

몇 년 뒤 처음으로 수확을 했다. 약 50kg을 수확했고 1kg에 15,000원을 받고 팔았다. 그다음 해에도 괜찮았다. 그래봤자 거름 값과 오고가는 경비와 인건비를 생각하면 손해 보는 농사였지만 애당초 돈벌이가 목적이 아니기에 만족했다.

차광망을 뚫고 풀들이 올라오는 게 보이기 시작했다. 예초기로 일 년에 몇 번씩 풀을 깎았지만, 나무 사이라 작업이 만만찮았다. 인생에 난기류가 몰려오듯 뜻밖에 몸에 이상이 찾아왔다. 밭을 관리하기 힘들었다. '울고 싶은 아이 뺨 때리듯' 아로니아 가격까지 폭락했다. 방치하다시피 두었다.

자연에 맡겨진 아로니아 나무의 열매가 까맣게 익었다. 우리가 먹고 지인들한테 좀 주려고 열매를 따다가 풀쐐기한테 제대로 한방 쏘인 것이다. 주인 있는 곳에 멋대로 들어온 자에 대한 징벌 같았다. 하긴 자연에 주인이 어디 있겠는가. 뺏거나 지키는 생존 법칙만이 있을 뿐이다. 그런 일이 있고 난 후 영 발걸음이 내키지 않았다. 그냥 서너 해를 묵혔다. 멀리서 보더라도 칡넝쿨이 드문드문 보였다. 서서히 과수밭은 자연으로 돌아가는 듯했다. 그래도 발걸음이 내키지 아니했다. 시골집을 오고 가면서 무심한 듯 눈으로만 애써 보았다.

올해 몸이 한결 좋아져 밭을 살폈다. 경사면 밑에는 습한 탓인지 땅버들이 줄을 이어 자리를 잡았고 칡이 곳곳에서 뿌리를 내리고 있었다. 이대로 둘 수 없었다. 먼저 경사면 밑 물기를 빼기 위한 공사를 시작했다. 소형 굴착기를 이틀간 빌려 진입도로를 정비하고 배수로를 팠다. 덤프트럭 2대분의 잡석을 받아 바닥에 깔고 그 위에 부직포로 감싼 유공관을 놓고 잡석으로 덮었다. 내친김에 효용이 없는 아로니아 나무를 캐내기로 했다. 인력으로는 어림도 없어 장비를 하루 더 임대했다. 차광망에 뿌리를 내린 잡초는 흙을 꽉 움켜잡고 있어 소형 굴착기로는 만만한 작업이 아니었다. 차광망이 잡초를 막기는커녕 도리어 번식에 더 도움을 준 듯했다. 나무는 한나절 걸려 그럭저럭 캤고 차광막을 걷는다고 했지만 잡초가 붙잡은 흙덩어리도 함께였다.

부부 둘이서 차광망에 붙어 있는 흙을 턴 다음 치우고, 미처 파내지 못해 고랑에 군데군데 묻혀있는 차광망도 걷어내야만 했다. 곡우가 다가오니 마음이 급했다. 차광망 옆을 괭이로 흙을 파서 끄집어내 흙을 털어내면 가위로 절단해 조금씩 수거했다. 걷어내는 중에 괭이자루가 부러졌다. 보통 힘든 일이 아니었다. 정말이지 입에서 힘들다는 말조차 하기 힘들었다. 아내는 더 힘들었던 모양이었다. 농사일을 그다지 힘들어하지 않은 아내의 입에서 끝내 이런 말이 흘러나왔다. "이 일은 사람이 할 수 있는 일이 아니야." 나까지 힘들다고 말할 수가 없었지만 참으로 고된 일이었다.

2주간 평일에 한두 번, 주말마다 일하다 보니 끝은 났다. 걷어내 한쪽으로 쌓은 차광망 무더기를 보니 한숨이 절로 나왔다. 치우는 비용도 따로 들여야 했다. 캔 나무를 팔라는 이야기를 들었지만, 밭에 쌓아 놓을 수도 없고 쳐다보기도 싫었다. 나무를 버리는 일도 만만찮았다. 뿌리가 움켜쥔 흙을 털고 하나씩 들고 사면 밑으로 던졌는데 거의 반나절이 걸리는 중노동이었다. 얼치기 초보 텃밭 농사꾼이 저지른 어처구니없는 실수로 너무나 비싼 수업료를 지불하고 말았다. 모를수록 더 꼼꼼하게 따져보아야 하는데 너무 쉽게 생각해 일을 저지른 게 화근이었다.

밭 사면에 늠름하게 서 있는 제법 오래된 느티나무는 8년에 걸친 이 모든 과정을 지켜보았다. 그가 여전히 초보 텃밭 농사꾼에 불과한 나에게 무슨 말을 들려주는 것 같았다. '인생은 처음부터 완벽하지 않아요. 눈에 보이는 것에 급급해 서두르지 마세요. 다 때가 있는 법이에요. 인생은 끝없는 배움입니다. 실수에서도 배우는 부분이 많아요. 삶이라는 게 원래 그런 것이잖아요. 너무 자책하지 마세요'

그렇다. 어디 이 일만 그렇겠는가. 살면서 저질러 잘못된 일들이 얼마나 많았겠는가. 인생은 실수를 통해 배워나간다. 결과보다는 그 순간의 경험들이 모여 지금의 나를 이루고 있다고 생각하니 약간은 위안이 되는 듯했다.

앓고 있던 이빨을 뽑아낸 것 같다. 아로니아 나무에 품었던 희망의 허상을 접고 텅 빈 밭에 새로운 희망의 불씨를 지핀다. 무엇을 심을까. 벌써 욕심이 부풀어 둥실둥실 떠오른다. 그래도 경험이 조금 있어서인지 머뭇거려진다. 이번에는 실수를 거듭하지 않아야 할 텐데. 하지만 농사일이 그리 만만하지 않음에야. 그냥 땅을 자연에 맡겨놓고 싶지만 나는 또 유용의 무용을 벌일지도. 더 더욱 벌써 '자연 농법'을 해보겠다는, 제 주제도 모르는 욕심이 일어나는 걸 보니 아직도 나잇값 하기 멀었는가 보다.

어느 여름날의 일상

여름의 막바지, 낮이라 불볕더위가 한창이다. 덩달아 불쾌지수가 올라간다. 오늘은 시각장애인 글쓰기 수업이 있는 날이다. 어떤 내용으로 수업을 할 것인지 '네이버 keep'에 저장된 기사를 살펴보고 낭송시 들려줄 음악과 수필도 살폈다.

피아노 음악을 들으면서 설거지와 집 청소를 가볍게 한 다음 네이버를 통해 어떤 기사가 올라와 있는지 검색해본다. 오늘의 주요 뉴스는 달 탐사선 '다누리호'의 발사다. 힘차게 솟아오르는 로켓은 순식간에 속도가 시속 1만 km, 고도는 200km까지 올라가고 있다. 성공적인 궤도안착을 기대해본다.

아침 9시 30분 집을 나선다. 20분 남짓 걸려 도착한 다음 골목길에 주차하고 5분 정도 걸어서 강의실에 들어간다. 늘 보는 학생들이 반긴다. 한 주 동안 있었던 일들을 들려주고 나서 오늘 달 탐사선 '다누리호'가 성공적으로 발사한 날이라고 알려준다.

지구와 달 사이의 거리는 약 38만km. 빛이 일 초 남짓 가는 거리다. 그런데 달의 궤도에 진입하는데 기존 항로가 아닌 약 600만 km를 우회한다고 한다. 우리나라 우주과학자들이 긴 시간 걸쳐 연구한 끝에 찾아낸 항로인데 로켓의 에너지를 최대한으로 절약할 수 있다고 한다. 가장 가까운 거리가 아닌 먼 거리를 돌아가는 궤도라니 아이러니하다.

바쁜 시절에는 몰랐는데 뒤돌아보니 인생도 비슷했다. 그동안 눈에 보이는 것들을 빨리 얻으려고 최대한 빠른 노선을 택했을 것이다. 그러니 힘이 들고 늘 분주했고 갈등도 많이 일어났다. 그때 시간이 좀 더 걸리더라도 힘이 덜 드는 인생경로를 택했으면 어땠을까. 돌이켜보면 빨리 간다고 빨리 간 것도 아니었고 늦었다고 늦은 것도 아니었다. 그 차이는 행복과는 거리가 먼 세월에 무디어진 소유의 크기일 뿐인데 말이다. 시간은 누구보다 평등을 깨닫게 해주는 훌륭한 선생님이다. 우리는 시간의 힘 앞에서 놀이에 열중하는 어린아이와 같다. 모든 것은 시간과 더불어 지나간다. 중요한 것은 속도가 아니라 나아가고자 하는 방향이었다.

수업 시간에 뜻밖에도 일흔을 갓 넘긴 학생 한 분이 재취업해서 봉급을 받았다고 하면서 '점심을 한턱 쏘겠다'고 말한다. 까마득하게 잊고 있던 말이다. 수업을 일찍 마치고 식당으로 향한다. 한 팀은 차로 이동하고 다른 한 팀은 내 팔에 한 분이 손깍지를 낀 다음 차례차례 꿰듯이 걸어서 갔다. 점심을 먹는데 누군가가 나더러 자기들과 함께 밥을 먹으니 기분이 어떻냐고 물어본다. 보이지 않은 쪽에서는 상대방이 궁금할 수도 있겠지만 보이는 나는 궁금하거나 어색하지 않다. 배추김치와 무김치를 잘라주고 숟가락을 쥔 손을 잡고 그릇 위치를 확인해 드리면 준비는 끝이다. 점심을 먹고 나서 다시 그분들을 원래 자리로 안내하여 모셔드리는 것으로 오늘의 특별한 수업 일정은 끝이 났다.

아내의 부탁에 따라 근처 우체국으로 가서 어제 시골집에서 퍼온 된장을 경기도 고양시로 택배 보냈다. 조그만 우체국에는 두 분이 일하고 있는데 참 친절하다. 그 덕분에 보내는 사람의 마음도 즐거워진다. 내친김에 양쪽 발목 근처에 이상하게 난 상처가 있어 고민스러웠는데 피부과로 가서 검진을 받았다. 의사의 설명을 들으니 혹시나 대상포진이 아닐까 하고 걱정했던 불안감이 해소된다.
 병원을 나와 잠시 두리번거리다가 근처에 있는 카페에서 커피를 한 잔 마시려고 어슬렁거렸다. 아담하고 개인의 손때가 묻어 있는 듯한 곳이 눈에 들어왔다. 막상 안으로 들어가니 밖에서 볼 때와 딴판이다. 좁은 공간인데 젊은 여성 일행이 딱 자리를 잡고서 어찌나 크게 떠드는지 조용히 커피 맛을 음미하기가 거북할 정도였다. 지금은 코로나 시국이지 않은가. 대화할 때는 마스크를 착용하도록 권장하고 있는데 괘의치 않는다. 이 와중에 카페는 에어컨을 틀고 있다고 창문을 꼭꼭 달아 환기가 안 된다. 여기 누군가가 코로나에 감염되어 있다면 전염되기 딱 좋은 환경이다. 지금이 코로나 재유행기인데 이전보다 경계심이 무디어졌다. 씁쓸하지만 각자가 알아서 조심할 수밖에는.

 카페에서 생각을 다듬으며 글이라도 한 편 끄적거려볼까 했는데 떠드는 소리의 무게를 생각이 이기지 못했고 더군다나 호흡기가 좋지 않은 몸 상태라 코로나 걱정도 되었다. 결국 '카페라떼'를 들고 밖으로 나가 야외테이블에 앉았다. 후덥지근하다. 그래도 시끄러운 소리에 갇혀 속을 끓이기보다는 편안하다. 한국 사회에서는 갈수록 타인의 시선에 아랑곳하지 않고 자기들 기분대로 사는 경향이 심해지고 있다.

 카페에서 홀로 생각에 잠기거나 글을 쓰는 경우 눈치가 많이 보인다. 우리 사회는 문인들이 카페에서 글을 쓰며 쉴 수 있기에는 여유가 없다. 동네 카페는 그저 끼리끼리 뭉쳐 정보를 나누고 스트레스 풀고 가는 곳이다. 화려한 겉모습과 달리 문화의 품격은 반비례하는 듯해 씁쓸하다. 홀로 침잠하여 고독을 벗 삼으며 나만의 오롯한 사유의 시간을 가질 수 있는 공간을 찾기가 어렵다.

 더위가 기승을 부리는 오후 3시쯤이다. 찌는 듯한 더위 속에서 간혹 지나가는 사람도 가로수만큼 쭉쭉 늘어져 보인다. 오늘도 사람들과 엇갈려 나만의 생각에 잠긴다. 푹 찌게 만드는 더위만큼 불어난 잡생각으로 후덥지근한 여름의 오후 한때를 흘려보내고 있다. 축복과도 같은 혼자만의 시간을 게으름 속에서 보내고 있다. 일상이 다시는 돌아오지 않는 강물처럼 먼 곳으로 흘러가고 있다. 아니 나의 시간으로 만들지 못하고 멍하니 꽁무니만 바라만 본다. 여름은 몸뚱어리뿐만 아니라 올라오는 생각도 지치게 만든다. 폭염의 위력 앞에 있으니 이상하게도 세상사가 사소해진다. 세월이 갈수록 여름나기가 쉽지 않다.

대마도의 은은한 불빛

　대마도에 들어갈 때는 바다는 잔잔했다. 부산항으로 돌아올 때는 돌변했다. 성난 파도는 길길이 날뛰며 폭포수처럼 선창을 마구 두들겼다. 삼각파도를 맞았는지 쿵 소리와 함께 배가 연신 휘청거렸다. 면세점에 놓인 냉장고가 3번이나 우당탕 넘어졌다. 대한해협은 세계에서 가장 물살이 심한 해협 중의 하나라고 한다. 그 물살의 변덕만큼이나 한국과 일본의 관계는 평화와 전쟁 갈등과 화합이 번갈아 일어났다.
　그 섬은 부산에서 50km 남짓 떨어져 있고 날이 좋을 때는 희미하게 보인다. 제주도 면적의 약 38%, 거제도 면적의 1.8배에 달하는데 인구는 2만8천 명(2020년 기준)에 지나지 않고 청정 자연에 깃대 관광업과 어업에 종사한다. 과거에도 우리로 인해 살게 되었고 지금도 관광객의 97%가 한국인일 정도로 일본의 이방인 같은 섬이다.
　대마도對馬島의 이름 유래는 몇 가지가 있다. 그중 고대 삼한의 하나인 마한馬韓과 마주하고 있는 섬이라는 설도 있듯이 고대부터 우리와 밀접한 관계가 있다. 산이 높고 농경지가 부족해 빌붙거나 노략질하지 않으면 살 수 없어 한때 왜구의 본거지이기도 했다. 제주도나 남해안에서 떠내려간 쓰레기들이 북동쪽으로 흐르는 쿠로시오 해류를 따라 해안가에 쌓인다. 제주도 4.3사건 당시에는 조선인이라고 추정되는 시신들이 떠내려왔다고 하며 태평사라는 절에는 그 당시 거두어 화장한 무연고 묘들이 있다고 한다.

대마도는 1428년부터 1811년까지 18차려나 있었던 통신사의 안내자이자 중간 기착지 역할을 했다. 임진왜란 후 1811년까지 12차례 오고 간 조선통신사는 인원이 300~400명 내외로 지금 K-컬쳐의 원조라 할 수 있다. 그 흔적이 곳곳에 새겨져 있고 지금도 아리랑 마쯔리라는 행렬축제를 재현한다. 마지막 통신사가 보내진 1811년에는 '막부'가 이곳에 와서 사절단을 맞이하고는 그 역사의 막을 내렸다. 역사적 흔적으로 덕혜옹주와 대마도주와의 결혼봉축비, 조선통신사가 탄 배의 침몰로 사절단 122여 명의 목숨을 앗아간 순난비, 백제 멸망 시 일본으로 넘어간 유민 중 법묘라는 비구니 승려가 세운 것으로 전해지는 수심사, 그곳에서 최익현 지사의 장례식이 거행되었고 순국비가 세워져 있다. 선조 때 통신사인 정사 황순길과 부사 김성일의 비석은 두 사람이 선조에게 올린 입장만큼이나 떨어져 있다.

근대에 춘향전을 최초로 일본어로 번역하여 아사히신문에 연재해 유명해진 나카라이 토스이의 생가는 조선통신사 사절단이 묵었다고 하며 지금은 문학관으로 개조되어 문인들이 찾고 있다. 우리가 머무는 동안에도 문학인들이 삼삼오오 방문하였다. 그의 제자로 2024. 6월까지 일본 오천 엔 화폐의 인물이자 짧은 생을 문학의 불꽃으로 살다간 일본 최초의 근대 여성 소설가인 히구치 이치요一葉는 스승의 영향으로 김만중의 「구운몽」을 필사하였다고 한다. 근대 조선의 여성운동가이며 시인이자 수필가였던 김원주를 춘원 이광수는 한국의 이치요가 되라는 염원을 담아 일엽一葉이라는 이름으로 지어주었다고 한다. 한 잎 푸른 낙엽으로 훌훌 날아간 이치요와 세속의 인연을 바람에 훌훌 날려 버리고 끝내 산중에 한 잎으로 돌아간 일엽 스님의 이야기는 전설이 되었다. 그 외 최초의 조선어 입문서인 교린수지交隣須知와 외교책인 교린제성交隣提醒을 지어 에도시대의 일본과 한국 간의 평화시대를 구축하는 데 공헌한 아메노모리 호슈의 묘가 있다.

오늘날 대마도는 우리나라 시골처럼 청년들은 도시로 떠나 고령자 비율이 아주 높다. 차는 경차가 대부분이고 도심에는 사람이 드물었다. 축소지향의 일본인답게 버리는 것이 없도록 소비를 최소로 한다. 한국 때문에 먹고 산다고 해도 과언이 아닌데도 혐한 분위기가 있다. 최근 바닷가에 있고 한민족의 도래와 관련되어 있을 것으로 추정되는 와타즈미 신사는 한국 관광객들이 멋대로 버린 쓰레기며 고성방가로 아예 접근을 금지하고 있었다. 그 옛날 조선통신사는 문화의 전달자로 가는 곳마다 환영을 받았는데 일부이긴 하지만 지탄받고 기피의 대상이 되었다니 씁쓸하다. 대마도 길거리에는 쓰레기가 거의 보이지 않아 동네가 참 깨끗했다. 우리의 시골길을 가다 보면 마을 들어가는 길가마다 생활·재활·농자재·불법 쓰레기로 지저분하다. 우리 사회에서 가장 시급히 풀어야 할 것은 쓰레기 문제의 해결이다. 개인적으로도 자기가 머물던 자리에 흔적만 남기지 않으면 된다. 그것이 진정한 문화 선진국으로 가기 위한 출발점이다. 내가 머물고 떠난 자리가 깨끗하다는 것은 적어도 남한테 폐는 끼치지 않겠다는 연민의 발현이 아니겠는가.

도시의 속살은 골목길이다. 골목길은 그 도시의 독특한 풍경을 만들며 역사의 나이테처럼 삶의 모든 것을 담고 있다. 골목길에는 주차해 있는 차량이 없어 돌담 사이로 걷는 낭만이 있었다. 차량은 차고 등록제를 실시하고 있어서 집터가 아니면 근처 공용주차장에서 주차한다는 계약서류가 있어야 차를 살 수 있단다. 물론 동네마다 공용주차장이 넉넉하게 설치되어 있다. 우리는 건물마다 주차장을 설치하고 있지만 '눈 가리고 아옹'하는 식이고 공용주차장이 턱없이 부족하여 임시변통으로 골목마다 거주자 우선 주차지를 운영하고 있다. 게다가 불법주차 차량과 대형 트럭까지 무단 주차해 골목길을 걷는 낭만은커녕 위험스럽기까지 하다.

대마도를 다니다 보니 우리나라에서는 본 적이 없는 특이한 기호가 화장실에 있었다. 대장암 수술 후 인공항문을 단 사람들이 쉽게 배설물을 버릴 수 있는 세면대를 설치해 놓았다는 표시다. 아주 소수이긴 하지만 당사자에게는 매우 중요한 일이다. 사회적 약자를 배려하는 문화 수준의 저력을 확인할 수 있었다.

일본 열도의 조그만 변방인 대마도는 화려한 문화적 볼거리나 도파민 중독을 이끄는 북적거림은 없어도 자세히 보니 녹록하지 않은 역사의 나이테로 조용한 울림을 주고 있었다. 양보다는 질로 덜 소비하는 생활 습관, 적어도 남한테 폐를 끼치지 않아야겠다는 배려심, 역사적 자산을 소중하게 아끼고 실질을 숭상하는 검소함, 소수의 사회적 약지를 배려하는 포용심은 우리가 본받아야 할 가치인 듯하다.

기나긴 역사에서 일본 에도시대와 조선은 약 200년간 모처럼 평화의 시기를 맞이했다. 아메노모리 호슈의 말처럼 성심과 믿음으로 상대를 대우하면 상대도 응답할 것이다. 우리 사회는 지금 조선 시대 당쟁을 보는 듯한 극단적인 편 가르기 정치가 판친다. 정치의 업은 국민을 편하게 하는 것인데 자기들만의 권력 놀이에 빠져 있다. 모두 바람 앞의 한 잎 같은 욕심에 홀려서 상대에 대한 존중 배려 믿음이 없어서 그럴 것이다. 점점 너와 나의 공동체 의식이 희박해지고 우리와 그것들로 이루어지는 관계의 뒷모습을 보는 듯해 쓸쓸하다. 역사의 흔적이 켜켜이 쌓여 있는 대마도는 우리의 부족한 부분을 은은히 비추고 있었다.

동유럽은 또 다른 유럽이었다

 여행은 보는 것이 아니고 느끼는 것이다. 아니 나와 다름의 의미를 발견하고 해석하는 행위다. 나의 의지로 편안함을 떠나 불편한 곳에 나를 밀어 넣고 일상의 틀에 갇힌 나를 깨부수는 일이다. 그러고는 다시 익숙한 세계로 되돌아오는 과정이다. 그러므로 여행을 떠나기 전과 갔다가 온 후의 나는 달라야 한다. 하지만 날 것의 새로움을 발견하지 못한다면 그냥 낯선 곳에 있는 먹거리, 볼거리를 경험해보는 것에 지나지 않는다. 자칫 매너리즘에 빠져 일상의 연속선상에 있다가 온 것에 지나지 않을지도 모른다.
 국내 여행이 아닌 생소한 외국 여행의 경우 나의 한계와 가능성을 매 순간 가늠해 보게 된다. 말과 글이 통하지 않고 침대에서 자야 하고 가리는 음식이 있어서 불편한 시간이 되기도 했다. 그럼에도 생소한 언어와 낯선 곳의 풍경을 보고 그곳에 사는 이야기를 들으면서 삶의 방식이 우리와 참 다름을 확인하곤 했다. 한편으로는 일상의 모습은 우리와 별반 다르지 않음을 깨닫는다.

여행의 의미는 제각각일 것이다. 무엇보다 나에게 해외여행은 순례자의 순례처럼 힘듦으로 드러나는 내 안의 다른 나를 찾아가는 시간이었다. 내가 나에게 던지는 질문과 올라오는 답변을 통해 나라고 하는 무상한 존재가 별로 특별하지 않음을 확인하는 과정이기도 했다. 지금껏 많은 여행을 통해 내면의 이야기를 들었다. 무엇보다 해외여행은 나를 옥죄고 있는 매듭을 풀고 나의 모난 점을 다듬고 부족함을 돌아보게 하는 시간이었다. 그것은 나의 어린아이를 찾아 위로하는 또 다른 삶의 방식에 지나지 않음을 깨닫게 되는 여정이었다.

여행의 인연

오월에는 언제나 안양에 사는 형 내외와 함께 고향인 경남 사천에 간다. 빈집에 가서 청소하고 절에 모셔 있는 부모님을 찾아뵙는다. 내친김에 인근의 볼만한 곳을 둘러보는데 이번에는 남해도로 정했다. 남해도는 삼천포와 대교로 이어져 쉬이 오갈 수 있다. 이번에는 이상하게도 매번 스치기만 했던 독일마을로 가보기로 했다. 나라가 지독하게 가난했던 시절, 광부와 간호사로 독일에 외화를 벌기 위해 갔던 그들이다. 청춘을 다 바친 후 귀국해 힘든 시절을 추억하고 그곳에서의 시절을 그리워해 만든 마을이다. 독일에서 자재를 가져와 독일풍으로 지은 집들은 이국적인 풍경을 지어 관광지가 되었다. 유럽풍이 물씬 풍기는 카페에서 커피와 생맥주를 주문했다. 생맥주는 다 마실 때까지 거품이 살아있고 목에 착 감길 정도로 맛있었다. 하도 맛있어 주인에게 물어보니 독일에서 직수입한 생맥주란다. 하이델베르크

고성에서 마셨던 생맥주 맛의 기억을 떠올리게 했다. 지나간 기억에서 유럽 여행의 백미는 맥주와의 달콤한 키스였다. 여행 중에 늘 맥주를 마셨던 것 같다. 맥주는 유럽의 특허품이다. 동유럽의 맥주 맛은 아직 직접 느껴보지 못했다.

라거 맥주와 흑맥주, 비엔나커피가 떠오르는 독일과 오스트리아, 체코, 헝가리와 아드리아해의 발칸 나라의 여행길에 올랐다. 우리 일행 6명은 입사 동기간 부부 모임으로 금산과 옥천에 귀촌한 인연으로 맺어졌다. 매달 여행경비를 모았다. 어느 정도 쌓여 10박 12일 동유럽 패키지여행에 끼게 되었다.

여행은 유럽의 허브공항인 독일 프랑크푸르트 공항에 도착한 후 버스로 독일의 접경지역인 체코의 헤프라는 소도시에서 숙박하고 다시 독일로 나와 드레스덴과 작센 스위스를 둘러보고, 이어 체코 프라하, 헝가리 부다페스트, 오스트리아의 빈, 크로아티아, 보스니아, 슬로베니아, 오스트리아의 잘츠부르크를 거쳐 독일 프랑크푸르트에서 귀국하는 일정이다.

헤프라는 소도시의 발견

첫날 체코 헤프로 가는 도중에 들른 독일의 휴게소에서 맥주 2종류를 샀다. 아쉽게도 저녁 늦게 숙소에 도착해 맛을 보지는 못했다. 낯선 이국의 소도시 모습이 궁금해 아침 일찍 산책길에 나섰다. 체코의 조그마한 시골이라 해서 우리의 읍 정도로 여겼는데 생각 이상으로 규모가 있었다. 광장을 중심으로 성당이며 박물관이며 오래된 건물들이 여전히 역사의 무게를 머금은 채 숨을 쉬고 있었다. 새벽 이른 시간임에도 빵과 커피로 아침을 때우는 사람, 버스를 기다리며 출근을 준비하는 사람 청소하는 사람들로 우리네 아침 모습과 별반 다르지 않았다. 서유럽처럼 다양한 인종의 북적거림에서 나오는 긴장감을 던져주는 심리적 압박감은 없어도 동유럽 나름의 낯섦은 있었다.

유럽의 장가계

'작센 스위스'라고도 하는 바슈타이 국립공원으로 향했다. 천여 개의 산봉우리가 있어 '독일의 장가계'로 불리는 곳이다. 기묘한 절벽들이 아득하게 솟아 있는데 보기만 해도 아찔했다. 낭떠러지 사이로 길들은 잘 놓였고 절벽과 절벽 사이는 다리로 연결하여 안전하게 만들었다. 길을 따라가다 멀리서 암벽을 보니 점처럼 보이는 것들이 있었다. 점점 가까이에서 살피니 그 절벽을 사람들이 로프를 타고 암벽등반을 하는 게 아닌가. 여성인 듯한 모습도 있었다. 밑으로 보니 천 길 낭떠러지다. 보는 것만 해도 아찔한데 줄 하나에 몸을 맡겨 암벽을 올라가고 내려오는 용기가 부럽다. 저 아래에서 엘베강은 원호를 그리면서 끝없는 들판을 품 안에 넣고 느릿하게 흘러가고 있다. 여행의 긴장감을 풀어버리게 하는 참 아름다운 풍경이다.

체코 프라하

"도브리덴(안녕하세요)" "뎃구이(감사합니다)"면 통한다는 체코의 프라하다. 처음 맛보는 생맥주는 목구멍에 착 감기면서도 감칠맛이 나는, 조금 씁쓸한 맛이었다. 저녁 무렵 천문시계가 있는 구시가지 광장으로 갔다. 정시가 되면 뻐꾸기 소리와 함께 12 사도가 나오는 1분짜리 공연이 펼쳐진다. 해골은 죽음을 상징한다. 누구나 죽는다는 사실은 알지만 죽음만을 생각하고 살 수는 없다. 희로애락의 세찬 파도 속에서 살다가 떠나는 게 인생 아니겠는가. 광장에 루터보다 앞서 종교개혁을 부르짖었던 야누스라는 사제의 동상이 있다. 그는 「성서」를 루터보다 먼저 자국어인 체코어로 번역했는데 성서의 내용과 카톨릭 사제들의 행동이 너무나 어긋남을 알고는 바로잡고자 하였다. 이런 노력은 오히려 그를 이단으로 몰았다. 그는 화형으로 죽으면서 "나는 비록 떠나지만 나 죽은 100년 뒤에 하얀 백조의 옷을 입은 사제가 다시 나타나 개혁을 외칠 것이다."라고 했다고 한다. 그의 예언처럼 태어난 루터도 카톨릭이 성서와 다르게 행동하는 95가지 논제를 제시함으로써 카톨릭에서 파문당했다. 다행히 그는 이곳 작센 왕가의 도움으로 박해를 피할 수 있었다. 새삼, 이성에 기반하지 않고 맹목적 믿음과 복종만을 내세우는 종교의 해악이 얼마나 무서운지를 역사는 알려주고 있다. 그런데도 여전히 뉴스에서 종교 사건의 추문을 접하니 씁쓰레하다. 믿음의 매개가 권력으로 변질되는 현상은 인간사회에서 피할 수 없는 굴레인 듯하다.

  프라하는 늦은 시간임에도 사람들로 북적거렸다. 광장 곳곳에 있는 레스토랑의 야외 식탁에 앉아 커피나 식사를 하며 담소를 즐기는 풍경은 이웃에 있는 러시아와 우크라이나의 피 말리는 전쟁이 먼 남의 일인 듯하다.

다음 날 프라하성 투어를 나섰다. 성안에 있는 성비투스 대성당은 천년에 걸쳐 이루어졌는데 내부의 스테인드글라스로 유명하다. 특히 체코가 자랑하는 화가 알폰스 무하가 1930년에 그린 그림이 유명하다. 보수 중이라 들어갈 수 없어 유감이었다. 솔직히 유럽의 성당은 내부에 들어가면 너무 화려하다. 글을 알지 못하는 사람들에게 화려함과 웅장함으로 경외감을 일으켜 절대적 복속을 이끌 수는 있겠지만, 영성으로 이르는 침묵이나 내면의 응시와는 결이 다른 것 같다. 매번 그렇게 느껴짐은 문화적 차이에서 오는 것일지도 모르겠지만.

기어이 맥주가 사고를 쳤다. 보행자 전용도로인 카를교의 화약탑 계단을 걸어서 전망대까지 올라가 프라하의 시내를 관망하고 있었다. 점심에 곁들여 먹은 흑맥주 탓인지 갑자기 배가 이상했다. 일행에게 먼저 간다는 말도 채 하지 못한 채 광장에서 눈여겨봤던 화장실로 줄달음을 쳤다. 아슬아슬하게 겨우 해우를 풀었다. 유럽 여행에서는 화장실을 잘 알아놓는 게 중요한 일임을 온몸으로 체험한 사건이었다.

프라하는 변신으로 유명한 소설가 카프카와 몸을 빌려 삶의 무게 앞에서 선 자아의 고통을 기이한 모습으로 표현한 화가 에곤 실레의 고장이다. 패키지여행에는 두 사람의 흔적을 더듬는 일정이 빠져 있어 아쉬웠다. 여행은 늘 아쉬움과 작별하는 연속임을 다시 확인한다.

오스트리아 빈

빈으로 가는 길은 끝없는 평원이었다. 비엔나커피로 유명한 빈 도심지 탐방에 나섰다. 600년 왕조 합스부르크의 여름 별장인 쉰브룬 궁전에 갔다. 마리아 테레지아 여제가 확장하여 개장한 노란색(마리아 테레지아 엘로우)을 입은 바로크 양식의 아름다운 건축물이다. 프랑스 베르사유 궁전을 모방하여 대칭의 방과 아름답게 꾸며진 방들은 화려하지만 조금 아쉬운 듯했다. 합스부르크 가문의 전성기를 보여주지만 화려함 뒤에 숨어 있는 불편함, 무서움, 욕망이 뒤엉켰던 연회장을 보고 나니 육체의 피곤함과 허전함이 밀려왔다.

구스타프 클림트는 벨에포크 시대를 대표하는 상징주의 화가다. 그의 대표작인 '키스'가 있는 벨베데레 궁으로 갔다. 궁전의 아름다움과 크기는 눈에 들어오지 않았다. 그 유명한 그림인 키스를 보기 위해 마음이 설렌다. 드디어 키스 앞에 섰다. 역시 황금빛의 마술사답게 눈부셨다. 키스의 순간은 저런 황홀의 순간일까.

궁을 빠져나온 후 링거리 탐방을 했다. 역사 깊은 빈 대학, 유럽의 건축물에 많은 영감을 주었다는 시청, 클림트의 그림 벽화가 입구 천장에 그려져 있는 국회의사당을 둘러보았다. 피곤을 풀고자 커피의 거리에서 야외 레스토랑에 앉아 비엔나커피를 주문했다. 비엔나에는 비엔나커피가 없었다. 모양도 그렇고 그저 그런 커피다. 우리는 커피 후발주자이지만 커피의 새로운 맛과 문화를 선도할 수 있는 저력이 있는 듯하다.

헝가리 부다페스트

오스트리아에서 헝가리로 가는 길은 끝없는 평원이었다. 헝가리는 몰다우강(영어식 이름은 다뉴브강) 대평원에 자리 잡은 유럽의 곡창지대이다. 기마민족인 마자르족(훈족)이 조상이다. 헝가리는 유럽에 속해 있지만 그 민족은 우랄알타이어를 쓰고 엄마를 '어마'라 부르고 몽고반점이 있는 이유로 유럽의 이방인이라 불린다.

수도인 부다페스트를 흐르는 다뉴브강은 10개 나라를 지나가면서 흑해로 흘러 들어간다. 카스피해로 들어가는 볼가강 다음으로 유럽에서 두 번째로 큰 강인데 강물은 넓고 조용하고 부드러웠다. 부다 언덕에 있는 왕궁, 마차시 성당과 어부의 요새를 둘러보았다. 어부의 요새에 있는 스타벅스에 소변을 보러 갔는데 소변기의 높이가 너무 높았다. 175cm 키인 나도 까치발을 하고서 간신히 오줌을 눌 수 있을 정도였다. 나중에 나보다 키가 제법 작은 친구의 일이 궁금해 "잘 누었어."라고 물었다.

"힘들었지 뭐."

여행의 재미는 여유와 웃음이다. 예기치 못한 한마디 말에서 웃음이 터져 나오기도 한다. '어부의 요새'를 관람하는 중에 다뉴브강이 보이는 전망대에서 나도 모르게 "여기가 어디지"라는 말이 튀어나왔다. 한 친구가 곧장 "부다페스트지."라고 답을 하는 것이 아닌가. 예상치 못한 대답에 우리 일행은 한바탕 웃음꽃을 피웠다. 신흥 상권 지역인 페스트 거리로 갔다. 성 이슈트반 성당 주변으로 상가와 레스토랑 등이 즐비했고 현지인과 관광객들로 북적거렸다. 아쉬운 점은 물건을 사고 나서 받는 거스름돈이 이 나라의 화폐로만 지급한다는 점이었다. EU에 가입되어 있지만, 경제 실력은 그 수준에 미치지 못한 모양이다. 최근 삼성이나 SK 등 우리나라 기업이 활발히 진출하고 있어 경제 사정이 많이 나아지고 있단다. 덩달아 한국에 대한 호감이 좋아져 한국어를 배우는 사람이 많다고 한다.

크로아티아

아드리아해의 보석이라 불리고 바다를 끼고 길게 뻗어있는 크로아티아다. 먼저 수도인 자그레브로 갔다. 반 요시프 옐라치치 광장은 규모는 크지 않지만 아기자기하다. 자그레브라는 이름의 원천이 되는 샘물이 있다. 물이 있어야 문명은 형성된다. 도시의 원천인 샘물을 상징으로 가꾸는 지혜는 물의 중요성을 보여주는 사례다.

요정의 숲이라 불리는 플리트피체 국립공원으로 향했다. 멀리서 보니 족히 100m가 넘어 보이는 벨리키스랍 폭포를 비롯해 여기저기 크고 작은 폭포에서 웅장한 소리를 내며 물이 떨어졌다. 폭포를 향해 내려갈수록 물소리는 점점 더 커졌다. 아래에서 위로 올려다보니 아득하고 아래를 내려다보니 천 길 낭떠러지다, 떨어지는 물과 함께 사방으로 휘날리는 물보라는 이슬비처럼 얼굴을 적셨다. 폭포로 가는 길은 물 위에 나무 테크로 만들었는데 사람들로 북적이다 보니 불안감도 생긴다. 여기는 최대한 자연을 훼손하지 않고 인간에게 허용될 수 있는 공간만 개방하면서 자연과 공생하려는 지혜가 돋보였다. 호수 주변을 따라 난 산책로를 걸으면서 석회수가 만들어놓은 옥빛의 물을 보니 금방이라도 요정이 나올 것처럼 싱그럽고 신비로웠다.

한국의 부산과 같은 아드리아해의 숨은 보석 스플리트를 가는 길에 마주친 조그만 호수와 저 멀리 보이는 그레이 스톤의 벨레비트 국립공원. 그 산맥의 고원 위로 난 길에서 끝없이 펼쳐진 평원, 만지면 잡힐 듯 가까이 있는 파란 하늘을 배경 삼아 둥실 떠다니는 하얀 뭉게구름, 작열하는 태양, 시야를 가리지 않은 관목 숲들이 이루어내는 한 폭의 옅은 풍경은 여행의 여유를 안겨주는 풍경화였다. 아드리아해의 분위기를 살리는 음악을 들으며 끝없이 뻗은 도로를 달리는 기분은 버스 여행에서 만난 즐거운 쉼이었다.

이탈리아반도와 마주한 항구도시 스플리트는 고대 로마의 황제 디오클레티아누스가 그의 고향에 건설하여 만년을 보낸 곳이다. 성안에 큰 동상이 있다. 라틴어가 아닌 크로아티아로 성경을 반역하고 미사를 집전했다는 디오 그레고리 주교의 동상이다. 지금은 모든 나라에서 모국어로 쓰인 성경을 읽고 미사를 보는 게 당연하다. 그때는 오로지 라틴어로 된 성경을 읽고 미사를 했기에 일반인은 내용을 알 수 없었다. 그는 시대를 앞섰기에 기득권으로부터 박해를 받았다. 자기 신념에 찬 '마이너리티'가 된다는 것은 자기 양심의 소리를 들을 수 있어야 세상의 박해에 흔들리지 않는다. 비록 꿈을 이룰 수는 없어도 끝내 역사는 그와 함께 흐르는 것임을 그레고리 주교를 통해 다시 확인한다.

로마의 성 가운데서 가장 완전한 형태로 남아 있는 1,700살이 넘은 건축물은 세월의 흔적을 담아 여전히 위용을 자랑했다. 바닷가에 있는 브론즈 게이트를 따라 고성의 안으로 들어가니 시원했다. 이곳은 그 당시 냉장고처럼 저장소로 쓰였다고 한다. 문화재로만 관리하지 않고 지금도 물건을 팔고 생활하는 공간으로 쓰이고 있다. 과거와 현재의 아름다운 조화다.

크로아티아 스플리트에서 두브로브니크로 가는 길에 크로아티아 사이에 낀 2km 해안을 가진 보스니아 땅이 있었다. 긴 해안선에 불쑥 다른 나라가 끼어 있다니 의아했다. 과거 두브로브니크를 다스리던 라구사 공화국이 이웃 베네치아 공화국을 두려워하여 17세기에 오스만터키에 땅을 준 것이 계기가 되어 그렇게 되었다고 한다. 지나고 보면 역사의 흔적이란 뺏고 뺏는 장난 같은 놀이에 지나지 않는 것 같다.

보스니아 네움에 숙소를 정했다. 저녁을 먹고 걸었다. 저 멀리 아드리아해에 노을이 내리고 있었다. 형형색색의 연출은 아니지만, 가슴으로 저며들었다. 자연은 말이 없는데 세상은 왜 그리 번거로운지. 유고 내전의 결과로 이웃인 보스니아와 크로아티아 사이가 하루아침에 하늘 아래 같이 있지 못하는 견원지간이 되었다. 인종과 종교 이전에 인간의 존엄이 먼저 있어야 하는데 자신들의 야심을 이루려는 집단에 의해 힘없는 시민만 참혹한 피해를 받을 뿐이다. 노을이 지나가 버린 해안선을 따라 느릿하게 함께 걷는 시간은 평화로웠다.

슬로베니아

이번 여행으로 이름을 알게 된 나라다. 유리안 알프스라는 천혜의 자연환경을 누려 발칸의 녹색정원이라 일컬어진다. 수도인 류블랴나는 사랑스럽다는 이름만큼이나 아기자기한 모습으로 동화의 세계처럼 이뻤다.

프레셔렌은 낭만파 국민 시인으로 그의 기일忌日이 공휴일로 지정되어 있다. 그의 시에 곡을 붙인 것이 우리가 '축배의 노래'로 알고 있는 슬로베니아의 국가다. 그의 동상은 짝사랑한 율리아라는 한 여인을 향해 있다. 신분 차이로 이루어질 수 없는 사랑의 좌절 앞에 그는 그렇게 많은 시를 토해냈는가 보다. 거리를 걷다 보니 길가에 깜찍한 우체통처럼 보이는 이쁜 쓰레기통이 있다. 그 밑에 지하 창고가 있어 쓰레기를 수거한단다. 관광지답게 쓰레기처리에 세심한 모습이다. 우리도 저런 모습을 가지고 싶은데 아직은 요원한 일인 듯하다.

류블랴니차 강을 따라 카페들이 즐비하게 늘어서 있었다. 주변을 따라 여유롭게 걸었다. 시간이 흐르기를 멈춘 듯 생각도 따라서 느긋했다. 이곳은 낭만과 여유로운 휴식을 원하는 사람들을 끌어당기는 묘한 매력이 있다.

알프스의 눈동자라 일컬어지는 블레드 호수로 갔다. 옥색의 물빛에 섬이 담겨 있다. '프레튜나'라는 노 젖는 보트를 타고 15분쯤 걸려 섬에 들어갔다. 섬에서 바라본 호수는 온통 옥빛이었다. 섬이 워낙 작아 빙 둘러보는데 10분이 채 걸리지 않았지만, 저 멀리 알프스산맥에 있는 하얀 눈을 입은 봉우리들, 드문드문 호수 주변에 있는 집들과 어울려 너무나 평화로웠다. 배를 타고 나오는데 우리 팀의 여성 한 분이 '소양강 처녀' 한 소절을 부르니 모두 따라 부르기 시작했다. 조용한 블레드 호수에 갑자기 한글 소리의 물결이 생겼다. 즐거운 뱃놀이를 만든 한국 아줌마들의 위력은 정말 놀랍다.

차를 타고 블레드 성으로 올라갔다. 깎아지른 듯한 절벽 위에 세워진 성은 청동기 시대부터 거주했던 곳인데 발굴된 유물을 전시하고 있었다. 유럽에서 청동기 유물을 본 것은 처음이었다. 나가는 길에 기념품 파는 곳에서 구텐베르크 활자로 기념 문구를 인쇄해주고 있었다. 어디서도 본 적이 없는 꽤 신선한 아이디어였다. 세계 최고의 활자 기술을 보유한 우리나라가 아닌가. 우리나라는 관광지에 가면 기념품은 그게 그거라 살만한 게 없는데 좀 더 다양해질 필요가 있다. 블레드 성은 요새 같은 성이었지만 너무나 아름다운 블레드 호수를 거느린 보석이다. 기이했기에 탐내는 물건이 되어 역사의 영욕을 누렸다. 성 관람을 마치고 이동하는 중에 하늘에서 쌍무지개가 떴다. 무지개를 보면 희망이 떠오른다고 하는데 나의 마음에는 희망이 가라앉았고 쓸데없는 생각만이 부유하고 있다. 아마도 세월의 무게에 눌린 탓일는지.

오스트리아
블레드 호수에서 그다지 멀지 않은 곳에 있는 국경을 넘어 오스트리아 필라흐에 숙소를 잡았다. 뜻밖의 보물을 찾은 기분이었다. 저녁을 먹고 천천히 시가지 거리를 산책했다. 넓고 잘 정비된 골목길은 오스트리아가 선진국임을 증명하고도 남았다. 거리에 나와 있는 사람들의 표정들은 온화하고 부드러웠다. 가벼운 맥주 한 잔으로 목을 축였다. 동네의 많은 사람이 이곳에 모여 가벼운 안주와 맥주를 마시며 담소를 나누는 모습이 여유 있게 보였다. 인생의 사는 맛은 이런 게 아니겠는가. 환락이 아닌 여유와 자유로 이야기를 나누며 일상을 누리는 삶은 단순하지만 자족하는 삶이리라.

할슈타트는 알프스 중턱에 있는 호수를 끼고 있는 암염광산으로 유명한 곳이다. 할은 소금을 뜻하고 슈타트는 마을이라는 뜻이다. 이곳에서 캐낸 소금을 바탕으로 잘츠부르크 도시가 번창했다. 지금도 연간 300만 톤의 소금 채취를 하고 있단다. 유네스코 문화유산으로 지정된 곳이다. 푸니쿨라를 타고 전망대에 올라갔다. 동쪽 알프스 연봉이 저 앞에 펼쳐져 있다. 드문드문 흰 눈을 덮어쓰고 있는 모습은 형언할 수 없는 아름다움을 주었다.

알프스의 만년설이 녹아 만든 할슈타트 마을은 오래된 모습을 간직한 채 잘 보존되고 있었다. 주민들의 프라이버시를 지키는 범위에서 골목길을 제한하고 나머지는 최대한 열린 공간으로 만들어 '오버투어리즘'을 회피하는 지혜가 엿보인다. 저마다 이쁜 사연을 만들려고 관광객들은 고택의 살아있는 모습에 취하고 호수의 아름다움에 취해 소요하면서 정지된 찰나의 시간을 카메라에 담는다. 여행의 맛은 이런 느긋한 여유가 아니겠는가.

모차르트의 외갓집이 있는 볼프강호숫가로 갔다. 호수에서 배를 타고 푸른 물 위에 깎아지른 암벽과 잔잔한 푸른 물빛을 보며 여행의 피로를 바람에 날려 보냈다. 불현듯 여행의 목적을 생각해본다. 와서 보고 사진 찍었다가 아니라 우리 인간이 얼마나 자연의 미미한 존재임을 새삼 깨달을 뿐이다. 여행은 물과 같은 겸손을 배우러 다니는 것이라는 생각이 들었다. 볼프강 호수에서 음악의 쉼표 같은 여유를 느낀다.

모차르트의 생가가 있고 소금의 성이라는 뜻을 가진 잘츠부르크로 갔다. 모차르트는 생전에 가난하게 태어나고 자신을 홀대한 이곳을 싫어했다고 한다. 그런데 거리는 온통 모차르트의 이야기로 관광상품을 만들어 살아가고 있다고 해도 과언이 아니니 참 아이러니하다.
　대주교가 그의 애인과 15명의 자녀를 위해 만들었다는 미라벨 궁전으로 갔다. 모차르트 음악대학이 바로 옆에 있다. 영화 '사운드 오브 뮤직'에서 아이들이 계단을 뛰어오르며 도래미송을 부르던 곳이다. 계단은 영화에서 본 것처럼인데 인물들은 떠나버렸고 이야기로만 존재한다. 나오는 길에 '잘 자흐'강 못 미쳐서 반 카라얀이라고 문패를 내건 집이 있다. 그 유명한 악단 지휘자도 모짜르트 앞에서는 빛이 바랜 듯하다.
　모차르트의 생가가 있는 게트라이데 거리다. 글을 모르는 사람들을 위해 무엇을 파는 곳인지 알 수 있도록 간판을 그림으로 만들었다. 언어 이전에 그림은 상징이다. 뜻밖에 기호와 상징의 관계를 생각해볼 수 있어 흥미로웠다. 모차르트가 유아 세례를 받았고 유럽에서 가장 큰 파이프오르간이 있는 잘츠부르크 대성당에는 세 개의 문이 있다. 입구 상단에 축조된 연대와 리모델링한 연대가 새겨져 있어 이채롭다. 여기서 모차르트가 직접 작곡한 곡을 파이프오르간으로 연주했다는데 그 소리가 지금도 옆에서 울리는 듯, 세월의 풍상을 이야기로 머금고 있다.

독일

오스트리아에서 독일로 넘어가는 국경검문소에서 검문 절차를 밟고 있었다. "어디서 왔느냐"는 질문에 운전기사는 "코리안 그룹이다"라고 하였다. 그러자 그 경비원은 '원더풀'이라고 말하고 바로 내려가는 게 아닌가.

한국의 위상이 언제 이렇게 대단해졌는가. 동유럽 어디를 가더라도 삼성전자 LG전자의 광고판이 있었다. 달리는 차 중에는 현대와 기아자동차를 제법 볼 수 있었다. 십 여전만 해도 유럽에서 현대자동차를 보는 것만으로도 흐뭇했는데 말이다.

BTS와 블랙핑크를 보유한 나라. 와이파이가 보편화되어 인터넷이 어디서든 접속되고 공공화장실이 무료이면서 깨끗한 우리나라다. 음식 영화 문학 드라마 등 곳곳에서 한류 바람이 불고 있음을 느낄 수 있다. 이제는 어디에 가도 한국인임을 자랑스러워해도 좋을 텐데 들려오는 국내의 어두운 소식에 안타까울 뿐이다.

로텐부르크는 로만틱 가도의 꽃이라 하는 아름다운 중세도시다. 그곳을 스쳐 뮌헨으로 가는 길에서 차창 밖으로 펼쳐지는 해를 만났다. 언제 저렇게 큰 해를 본 적이 있었는가. 너무나 장엄한 일몰이었다. 구름의 틈으로 가지가지 사이로 뻗어나가는 노을의 여린 노란 햇빛들은 서쪽 하늘을 물들이고 있었다. 나에게도 나를 태운 열정의 시간이 있었을 것이다. 이제 지난날의 열정은 아니어도 노을처럼 곱게 물들이며 떠나고 싶다는 감회가 밀려왔다.

여행의 끝

여행은 순간 마주쳤다가 머물고 떠나는 것이다. 짧은 인생길에 세상의 모든 곳을 볼 수는 없고 두 번 가기 쉽지 않으므로 스쳐버린 것에 미련을 두지 않아야 한다. 게다가 패키지여행일 경우 나의 의지와는 무관하게 정해진 일정을 따라가야 했다. 그런 가운데서도 여행의 의미를 찾기 위해 나에게 계속 질문을 던지니 호수에 던진 돌처럼 파문이 일었다.

버스를 타고 가는 길에서 만난 동유럽은 온통 푸르디푸른 곡창지대였다. 가도 가도 비닐하우스가 보이는 우리나라와는 참으로 대조적이었다.

버스의 안전을 위해 '타코메타'라는 시스템을 도입하고 있었다. 운전기사는 2시간 운전하면 반드시 쉬어야 하고 하루 12시간 이상 차를 운전할 수 없다. 일주일에 2번은 15시간까지 연장할 수 있고 국경을 넘을 때는 잠시 멈추고 다시 타코메타를 조정해야 한다. 무엇보다 화물차는 정해진 차선만 다녀야 하고 가속페달을 아무리 밟아도 최대 시속 80km를 넘지 못한다. 우리나라도 속도제한을 하지만, 승용차를 추월하여 쌩쌩 달리며 차선을 지키지 않는 화물차가 더러 있다. 기계와 시스템이 아무리 좋아도 결국 운영하는 사람의 마음가짐이 더 중요한 것 같다.

동유럽 여행에서 가도 가도 보이는 것은 풍력발전기였다. 한국에서는 생각지도 못한 규모로 설치되어 있었다. 유럽이 에너지 자립이라는 거창한 목표를 향해가는 게 황당한 꿈은 아닌 듯했다. 태양광 발전도

비가 적어 설치에 적합한 듯했지만 큰 규모로 설치된 곳이 보이지 않아 의아스러웠다.

교외나 도시 건물의 지붕 색깔은 대부분 오렌지 빛깔이었다. 중요한 건물의 색깔은 합스부르크왕가를 상징하는 노란색인 점은 역사의 연속이라는 점에서 인상적이었다. 끝없이 펼쳐진 평원에서 보이는 풍경은 푸른 밀밭과 누렇게 익은 보리밭이었다. 시골길에서 만난 집들은 우리의 농촌주택보다 규모도 크고 돌로 만든 이층집으로 세련되었다. 특이하게도 집마다 장작을 패서 보관하고 있었다. 난방비 부담 때문에 땔감으로 난방을 하는 듯했다. 우리의 농촌은 저출산 탈농촌 바람에 한 번 제대로 꽃을 피워보지도 못하고 소멸사회로 접어들고 있다. 이곳의 농촌은 시골과 농촌의 문화적 갭이 크지 않고 사람들의 의식도 고향을 떠나 굳이 도시로 가려고 하지 않는다고 한다. 상대적 비교를 부추기는 욕망의 문화가 아닌 자족의 삶을 추구해서 그런 것인 듯했다.

시골로 가는 길에 마을이 있거나 휴양지가 있으면 차도와 별개로 멀찍이 자전거와 보행자를 위한 전용도로가 설치되어 있어 안전하게 자연을 즐기고 있었다. 선진국은 일 인당 GDP의 많음에 있는 것이 아닌 것 같다. 사람들의 집단적 동일화가 아닌 자기만의 삶을 다양한 방식으로 살아갈 수 있도록 여유와 편안한 환경을 갖춘 나라의 의미로 다가왔다.

동유럽의 나라는 조그맣다. 하지만 다양한 문화와의 교류를 말해주듯 생활 곳곳마다 차이가 있었다. 화장실 물 내리는 방법, 화장대 변기 구멍 위치, 세면대 물 트는 방식, 전등을 끄는 방법, 침대를 놓는 방법 등 생활 곳곳에서 조금씩 달랐다. 좁은 땅덩어리인데도 나라가 많고 나라마다 어떻게 다양성을 유지하고 있는지 의아스럽기도 했다.

이번 동유럽 여행에서 자유와 여유는 있었지만, 서유럽처럼 북적거리며 흥겨운 맛은 그다지 없었다. 길거리마다 흡연하는 사람들이 너무 많아 좀 힘들었다. 식당의 야외 테이블에서는 흡연이 자유로운 듯했다. 담배 연기는 이미 알려진 공해일 텐데 차별 없는 다양성을 추구하는 유럽에서 다양성의 의미가 좀 새로이 다가왔다. 남한테 피해를 주는 다양성의 인정이 어디까지 허용될 수 있는 자유일 것인지, 여기에서 새삼 그 의미를 생각해보게 되었다.

기후 위기는 이곳에서도 예외가 아니었다. 건기에 우기처럼 비가 내리고 한 번도 눈이 오지 않는 곳에서 폭설이 내려 제설 차량이 없어 교통두절로 고립된 마을이 생기기도 한단다. 기후 위기는 특정한 지역에 국한되어 나타나지 않고 이미 전 지구적인 차원에서 일어나고 있는 보편적 현상이지 싶다.

인생은 여행이다

풍경에는 과거와 지금의 모습이 켜켜이 주름 잡혀 있다. 여행객들은 그곳을 살다간 사람들이 울린 메아리를 듣고 지금의 소리로 들을 수 있어야 한다. 주마간산처럼 스쳐 지나가는 여행이라는 또 다른 일상 속에서 벗어나 얼마만큼 기쁨과 슬픔의 소리를 들었는가. 여행은 일상의 나를 낯선 공간으로 던져놓고 자신을 관찰하는 것이다. 그런데도 낯섦이 거북하여 떠나오기 전의 관성대로 습관처럼 떠들면서 무의미한 시간으로 흘려보내면 헛고생에 불과한 여행이 될 뿐이다. 자연이 드러내는 말 없는 소리를 들었는가. 자연이 이루어 놓은 그 수 많은 절경은 억만 겁의 시간 동안 깎고 다듬는 인고의 세월을 거쳐 만들어진 것이다. 그곳에서 진정 자연이 들려주는 소리를 들었는가. 이번 여행이 내게 던져준 또 하나의 숙제이다.

인연의 의미를 생각한다. 여행을 함께 한 인연은 크다. 하지만 스쳐가는 인연일 뿐이다. 그처럼 인생이란 무대에서 인연은 흘러가는 물을 닮았다. 오면 오는 대로 가면 가는 대로 받아들이면 된다. 여행에서 아쉬움을 남기지 않고 계속 떠남은 결국 버리고 떠나는 것이 인생임을 알게 한다.

여행 내내 점심과 저녁에 한동안 마시지 않았던 맥주를 즐겼다. 옛날의 추억이 떠오르고 그 시절이 그리워 그랬던 것 같다. 유럽은 뭐니 해도 맥주의 나라였다. 프랑크푸르트에서 귀국행 비행기에 올랐다. 기내식을 먹을 때 맥주를 부탁했다. 우리나라 맥주였다. 한 모금 축이니 가볍고 산뜻한 맛이다. 하지만 맥주 거품은 이내 꺼졌다. 똑같은 라거 맥주 스타일인데도 왜 맛에서 차이가 나는지 유럽의 맥주는 역사의 무게만큼이나 깊고 다양한 맛을 낸다. 그래서 그런지 사람들은 획일적이지 않고 여유로워 보였다. 우리나라는 집단의 시선이 강한 문화이다. 이제는 우리도 지금보다 더 느긋하고 지역의 맛을 음미하며 살아가는 곳이 되기를 꿈꾸어 본다.

여행이란 눈은 바깥을 향해가지만 실상 내면으로 파고드는 몸짓이다. 낯설고 불편한 영역에 들어간 나를 바라보고 점검하는 행위다. 제한된 공간에 묶여 있는 인연에서 벗어나 나를 객관화시켜 새로운 관점으로 세상을 보는 과정이다. 멀고 먼 여행은 돈과 시간이 많이 들고 건강해야 가능하다. 다시 그곳으로 갈 기회가 있을지 모른다. 그렇지만 삶이 지겹고 막막할 때 먼 유럽으로 떠나는 꿈을 지니며 살고 싶다.

리뷰

내면에서 피어나는 수필의 세계를 읊다

김태열

나의 시선은 늘 바깥이 아닌 자신으로 향한다. 내면을 응시한다. 경험과 앎의 갈래를 묶어 생각의 틀을 얼기설기 짠다. 깊이의 무게로 안으로 들어간다. 꽃의 아름다움을 노래하기보다는 흙의 진실을 말한다. 한 편의 글의 짜임에 물이 많이 언급되고 있는 점이 특징이다. 아마도 평생 물과 관련된 일을 하다가 인문학적 사유로 물의 길을 더듬어서 그럴 것이다.

첫 번째 수필집 『우물에서 생각을 긷다』, 두 번째 수필집 『1cm의 기다림』, 세 번째 수필집 『먼지 속에 이는 바람』을 발간하면서 나의 수필은 어느 지점에서 유영하고 있는지를 자문하게 되었다. 지금까지 일관되게 내면으로 파고 들어가는 경향을 나타내고 있다. 또한 세 권의 수필집에 흐르는 하나의 흐름은 일상을 보거나 기억을 직접 말하기보다는 일상 속에 숨어 있는 의미를 발견하고 성찰의 소리를 낸다는 점이다.

세상을 살다 보면 우리는 늘 경계에 부딪혀 많은 생각과 감정이 일어난다. 미처 소화하지 못한 감정의 찌꺼기들은 먼지처럼 내면에 차곡차곡 쌓여 또 다른 깨어 있는 나를 기다린다. 이 하염없이 많고 쓸모없는 것들은 만져볼 수도 없다. 하지만 분명한 것은 마음속에 있지만 어쩌지 못하는 너무나 강한 존재들이다. 이것들과의 화해가 인생 최대의 숙제일지 모른다. 우리는 욕망의 세계에 갇혀 끊임없이 달려가며 불필요한 욕구를 추구한다. 그 관성에서 빠져나오기 위해서는 스스로 먼지 같은 하찮은 존재임을 자각할 수 있어야 한다. 그럴 때 세상은 다 함께 소요할만한 곳이라고 '먼지 속에 이는 바람'에서 담담하지만 꾸밈없는 목소리로 들려준다.

글 곳곳에 현실의 단단한 벽을 잘 모르거나 시대의 흐름과 엇갈려 내는 소리가 많다. 하지만 현실을 피하지 않는다. 세상은 거대한 욕망의 무대인데 꿈꾸는 현실이 너무 소박하기 때문이다. 세상이 달려가는 방향과 엇갈나도 화해하려고 하지 않고 관조할 뿐이다. 그저 「장자」의 '소요유'에 나오는 보잘 게 없는 찌르레기 같은 자유를 찾아 나지막한 소리로 짖을 뿐이다. 젊은 시절 읽었던 도연명의 귀거래사가 문장처럼 마음에 새겨져 언젠가는 전원으로 돌아가 자유롭게 살고자 하였다. '나만의 자유를 찾아서'에서 5도 2촌의 전원생활을 하면서 맛보는 잔잔한 기쁨의 소리를 들려주고 있다.

수필 세계의 밑바탕이 되는 사유체계에는 오랜 시간 천착해온 동양적 사유가 놓여 있다. 한창 뜨거운 오후의 시절에 성취의 뒤에 놓여 있는 허무와 우울을 보았다. 그것의 해답을 동양사상에서 찾고자 하였다. 십몇 년을 주역에 심취했고 노자에 오랜 시간 천착했으며 유학과 불학의 세계를 파고들기도 했다. 그런 바탕이 있기에 문학기행을 다녀온 석정문학관에서 노장사상에 물들었다고 한 석정의 좌우명인 '志在高山流水(지재고산유수)'을 읽고 생기는 의문점을 '석정에게 자문자답하다'에서 사유를 전개해 석정의 생각을 더듬고 있다.

사람을 관찰하기를 즐겨한다. 사람들의 부류에는 두 가지가 있다고 본다. 자기를 특별히 잘났다고 여기거나 아니면 못났다고 여기는 부류이다. 기실 이 두 부류는 하나의 몸에 기대어 나타나는 사람의 두 가지 특성이다. 그런데 세상이 늘 시끄러운 이유는 잘났다고 하는 이들이 너무 설치기 때문이다. 하물며 가장 낮은 곳에 있어야 할 문학조차도 상업화의 물결에 빠져 높은 곳을 우러러보도록 조장하는 형태를 보여주고 있다. 문학은 자유로움이다. 그 자유로움을 막는 것은 의외로 중앙과 지방 차이, 상을 두고 벌어지는 상대적 비교에서 오는 관념 같은 벽이다. '커피라떼 한 잔의 사유'에서 세상이 추구하는 가치가 허상에 지나지 않는 것을 알기에 그 길을 따라가기보다는 나다움을 찾는 내면으로의 길을 찾는 순례자의 길을 걷는 기쁨을 노래한다.

문학의 세계에 늦게 들어와 스스로 문학적 재능이 없는 줄 알기에 진입장벽이 비교적 낮고 사유를 통해 글을 쓰는 수필의 세계에 입문하였다. 지금껏 수필의 지향점이 어디에 있는지, 수필의 문학적 가치가 무엇인지, 산문과 수필의 차이가 무엇인지, 수필이 예술의 분야에 들어가는지 아닌지 등등에 대해 자문하는 태도를 보인다. 체호프, 초이스 등과 같은 작가의 단편소설이나 카뮈의 「결혼·여름」과 같은 에세이는 몇 번을 보고도 또 보고 싶은데 수필은 또 보고 싶은 작품이 왜 그리 작은지 등에 대해서 고민한다. 그런 이유로 '수필의 지평선 너머'에서는 소박한 수필관을 전개하고 있다.

 수필이 경험으로부터 탄생한 문학이라면 수필가는 지금 살아가는 시대의 흐름과 분리될 수 없다. 지금 우리 사회는 급격히 서구화되고 있다. 오랜 시간 우리의 정신적 음식이라고 할 수 있는 김치가 점점 우리 곁에서 사라지고 김장을 하는 집이 줄어가는 세태를 'K김치·K며느리'에서 살아있는 생생한 목소리로 현실을 스케치하듯 풍자하고 있다.
 글 곳곳에 동양적 시유를 닮은 긍정적인 삶의 방식이 묻어 있는 것을 알 수 있다. 인생을 달관하며 나이 듦에서 절망이 아닌 새로운 희망을 찾는다. '세월의 풍상을 이겨낸 자유인, '나훈아'에서는 가수 나훈아의 공연을 아내의 회갑 기념으로 보고는 그를 진정 오랫동안 노래를 사랑하고 노래에서 자유를 얻고 길 위의 인생을 노래하는 예인藝人으로 그려내고 있다.
 가족을 사랑하지만, 사랑에는 슬픔 또한 묻어 있음을 안다. 어느 날 나이 들어가는 아내의 거친 손을 보고 애달픔을 노래한 '아내의 손', 예고도 없이 불쑥 맞닥뜨린 백일이 갓 지난 손녀의 돌봄을 하면서 애틋한 사랑의 아픔을 담은 '방파제는 바다의 경계다'에서 절제된 감정으로 가족의 애환과 희망을 담담하게 그려내고 있다.

한평생 일에 대한 대가로 받았던 월급의 세계에서 물러났지만 아쉬움보다는 굴레에서 벗어났다는 자유로움과 홀로 된다는 것의 두려움을 관조한다. 전원에서 먹이를 주며 관찰한 들고양이처럼 '따분함과 호기심 사이를 당당하게'에서 인생 후반기의 삶을 새롭게 그려내고 있다.

우리 사회는 장애를 바라보는 시각이 많이 바뀌었다. 하지만 그 장애가 막상 나의 영역 안으로 들어오면 시선이 부드럽지 못하다. 시각장애인들은 사회의 가장 낮은 자리에 있다. 이들과 직접 글쓰기 현장에서 마주하면서 그들과의 인연에서 일어나는 안타까움, 연민과 가능성 등을 '어둠도 빛이더라'에서 생생하게 토로하고 있다.

챗 GPT 등 새로운 문명의 거센 물결이 밀려오는데 나이 듦의 경험에 갇혀 새로움에 간절하지 않은 문단의 풍토에 대해 고민한다. 점점 희미해지는 시력 때문에 책 한 권 읽어내기가 쉽지 않은 게 노령화되는 문단의 현실이다. 그럴수록 나이라는 한계에 갇혀 머물지 말고 끊임없이 공부해야 한다는 마음을 담아 '문학의 지향점을 생각한다'에서 나이 듦의 길에서 만난 문학에 대한 애정을 피력하고 있다.

물론 수필을 읽다 보면 아쉬운 점도 있다. 사유 속에는 해학과 여유, 재미가 드물다. 꾸미지 못해 투박한 맛이 난다. 이것은 계속 수필의 세계를 걸어가는데 관심 있게 보완해야 할 부분이다. 지름길이 아닌 오솔길, 직선보다는 꾸불꾸불 돌아가는 샛강을 따라 만나는 사물과 사건을 더 섬세하게 묘사하면 좋겠다. 매일 밥을 먹더라도 먹는 행위를 있는 그대로 그려내기보다는 먹으면서 느끼는 맛을 오밀조밀 묘사하면 글의 풍미가 더 있을 것이다.

뜻밖에도 수필을 읽다 보면 아포리즘 같은 문구를 만난다. 앎이 넓어진다는 것을 느끼게 된다. 그것은 그가 공부하는 사람이기 때문이다. 세상의 소리에 귀 기울이고자 매일 조그만 눈을 찡그려 종이 신문을 읽고 인터넷서핑을 통해 자료를 모은다. 문학책을 보다가도 좋은 문장이 있으면 자료함에 저장한다. 수필의 세계를 넓혀보고자 시와 소설도 가끔 읽는다. 시력의 한계를 유튜브에 의지해 세계의 문학 소설을 듣고 앎의 바다로 나아간다.

비록 나의 수필이 넓은 세계로 향해 나아가지 못하더라도 수필가의 길을 계속 걸어갈 것이다. 세상이 귀하다고 하는 명예나 부 그런 것들이 마음에 담기지 않기에 그렇다. 문학을 마음을 닦는 청소, 텃밭을 가꾸는 농사로 본다. 마음의 청소부, 텃밭 농부가 그의 꿈이자 현실이기 때문이다.

수필 쓰기를 마음공부의 길이라고 여긴다. 액세사리를 덜어내고 진심에 다가가기 위한 노력에서 울려 나오는 내면의 소리에 한 번쯤 귀 기울여 보자. 책을 읽다가 마주치는 아포리즘을 음미하면서 눈부신 늦가을에 존재의 의미를 사색해 볼 수 있는 시간이 되기를 희망한다.

① 한 방울 한 방울 떨어진 물이 바위를 뚫듯 진심인 노력이 생의 무게로 더해질 때 사회적 성공 여부와 관계없이 자신과의 싸움에서 지지는 않으리라.

② 정작 희망은 한 두어 개만 있으면 되지 싶다. 자신을 돌이켜 삶의 양식을 단순화함은 희망의 다이어트라 할 수 있다.

③ 나이 듦에 호기심과 탐구심이 사라지면서 자기의 경험에 갇혀버리면 지금 아는 것이 전부인 양 착각에 빠진다. 앎이 깊어지고 넓어지면 자기의 모자람이 저절로 다가온다.

④ 한 잎 푸른 낙엽으로 훌훌 날아간 이치요와 세속의 인연을 바람에 훌훌 날려 버리고 끝내 산중에 한 잎으로 돌아간 일엽 스님의 이야기는 전설이 되었다.

⑤ 결과보다는 그 순간의 경험들이 모여 지금의 나를 이루고 있다

⑥ 마음대로 되지 않는 게 인생이다. 그냥 바람 같은 인연에 맡겨놓고 흘러갈 수밖에 없다.

⑦ 욕심은 살아있는 이의 마음을 서서히 굳어버리게 한다. 아니 하찮은 것들에 집착하게 만든다. 기후 위기가 아무리 심각하다 해도 당장 나한테 닥친 문제가 아니다 보니 일상이 늘 바쁜 우리에겐 먼 나라의 이야기로 여길 뿐이다.

⑧ 우리는 점점 타인의 불행에 무관심해진다. 아니 눈에 보이는 것들에 현혹되어 정작 나 자신에게조차 관심을 쏟지 못한다. 다들 홀린 듯 관심을 돈이나 권력으로 바꾸어 가는 누군가가 가리키는 곳으로 우루루 달려간다.

⑨ 인간관계라는 바람을 타고 감정의 소화불량으로 달라붙은 아린 기억은 인연의 부산물로 미세먼지와 같다.

⑩ 포말과 함께 울부짖기라도 하는 듯한 물보라는 먹이 사냥을 막

마친 사자가 거친 숨을 뱉어내듯 헉헉거렸다. 파도는 무법자라도 된 듯 자기 소리에 모든 소리를 삼키고 있었다.

⑪ 우리는 시간의 힘 앞에서 놀이에 열중하는 어린아이와 같다. 모든 것은 시간과 더불어 지나간다. 중요한 것은 속도가 아니라 나아가고자 하는 방향이었다.

⑫ 일상이 다시는 돌아오지 않는 강물처럼 먼 곳으로 흘러가고 있다. 아니 나의 시간으로 만들지 못하고 멍하니 꽁무니만 바라만 본다.

⑬ 행복은 외부에서 찾아지는 게 아니라 우리 마음 안 깊숙이 꼬옥 숨겨 놓았던 듯하다. 행복은 소유가 아니라 발명과 같다. 아니 발견하는 것이리라.

⑭ 나는 일상을 발견하는 여행자로 소풍 가듯 놀다 떠나고 싶을 뿐이다.

⑮ 일없는 자는 이유가 없이 그냥 존재해 있는 것이다. 살아가는 날까지, 인연이 다할 때까지.

저마다 주어진 시간과 공간에서 잠시 머물며 흘러가고 있다.

⑯ 인생은 백지 위에 자신만 아는 한 폭 내면의 추상화를 마음에 그리다 가는 것일 테다.

⑰ 보이는 모습 뒤에 숨어있는 나를 찾는 여행은 인생의 수수께끼를 찾는 것과 같겠다.

⑱ 나를 나답게 만듦은 타자와의 관계에서 맺어지는 너로 인해서가 아니라 나 스스로이다.

⑲ 사람과의 관계에서 적절한 감정선이 그어진 거리를 찾아 조화를

이룸은 여간 어려운 일이 아니다.

⑳ 시간은 하얀 도화지를 펼치는 것과 같다. 매 순간 반복되는 일상에서 원하는 그림을 그리기 위해서는 세상을 바라보는 새로운 시선이 필요하다.

㉑ 진정 시간의 축적을 이루며 세월의 풍상을 이겨낸 노 가수만이 낼 수 있는 소리였다.

㉒ 노장의 높은 산에 올라서 의미와 무의미의 사이에 있는 세상사를 힐끗 쳐다보고 자연의 품 안으로 들어갔다.

㉓ 낮은 자리에서 철없는 아이들을 보듬고 키워냈던 순간순간이 말없이 울음을 속으로 삼키는 일의 연속이었음을 깨닫는다.

㉔ 앎은 한계에 갇힌 익숙한 세계다. 보이지 않는 그들의 세계에 균열을 일으키기 위해서는 '내가 왜 어째서', '나에게 왜 이런', '왜 저에게만', '왜 하필'과 같은 질문을 끊임없이 자기에게 던지도록 해야만 했다.

㉕ 인생은 순풍과 역풍이 시도 때도 없이 부는 바다의 물결을 헤치고 나가는 항해와 같다.

㉖ 서로를 받아들이면서 조화할 수 있는 것은 다투지 말라는 물의 선善을 잘 실천하고 있는 증거이리라.

㉗ 인생이란 자기 역할을 두리번거리다가 속절없이 떠날 뿐인데, 인연에 걸려든 감정의 파도가 삶의 무게로 밀려왔다 사라진다.

㉘ 문학관을 세우는 일이 근원을 찾는 구도의 행위와 같았을지 모른다.

㉙ 나이 듦에 사랑의 느낌은 말보다 손으로 전해지는 안타까움으로 확인하는 게 인생의 익은 맛이 아니겠는가.

㉚ 처해 있는 조건으로 못하는 게 아니라 미리 그은 한계에 굴복한 비겁함이나 현실과 적당히 타협한 열정의 부재로 그렇게 되는 것일지도 모른다.

㉛ 마음에서 일어나는 순수함을 갉아먹는 사회적 제약을 물리치고 한 손 뻗어 다가감은 평소 갈고 닦은 마음공부이리라.

부록 1

논어의 길을 더듬다

 이 땅에 태어났기에 운명처럼 한번은 읽어보았을지 모른다. 좋은 말이네 하고 무릎을 치기도 한다. 읽을수록 새로운 의미를 던져주고, 나이를 먹어갈수록 평범한 말로 사람들을 더욱 끌어당기는 묘한 힘을 가지고 있는 책이 있다. 그냥 한 때의 지적 욕구나 호기심을 충족시키는 책처럼 읽으면 안 된다. 천천히 심호흡을 가다듬고 침잠하여 글자 너머 속살까지 느껴보아야 한다. 바로 논어라는 책이다.

 인생을 고민할 무렵 다시 논어를 만났다. 주자의 「논어집주」를 사경을 하듯 컴퓨터에 한 글자씩 새긴 다음 읽고 풀이하고 의미를 연결해 보았다. 그 일은 여름날 매미 유충이 7년의 세월을 땅속에 머문 후 밖으로 나와 짝을 찾아 신나게 울다가 생을 마감하는 운명과 같다고 느낄 때도 있었다. 그 결과 나를 위한 나만의 논어책이 엮어졌다. 전문적인 학술서가 아니고 심오한 철학적 의미로 풀어낸 지식의 향연도 없다. 단지 논어라는 큰 산을 오르기 위해 거쳐야 하는 조그만 산들을 오르면서 아쉬웠던 점을 나의 관점으로 꿰매려고 한 노력의 산물이었다.

 이천오백 년의 대화록이 어떤 가치를 머금고 있기에 여전히 서가에,

또는 신간 코너에 새롭게 진열되고 있을까. 놀랍게도 논어에는 여전히 우리 사회가 당면하고 있는 삶의 문제를 되돌아보게 하는 지혜가 은은히 빛나고 있다. 현대인은 대중에 둘러싸여 있으면서도 점점 더 고독을 느낄 수밖에 없는 시대에 산다. 하지만 논어의 숲에 들어가면 인간관계의 본질이 무엇인지 되씹어 보게 한다. 그 숲길을 걷다 보면 나무들이 품어내는 기운에 안기어 SNS나 인간관계의 중독에서 오는 집착, 소외에서 오는 허무함, 관계의 얽매임이 떠난 뒤에 찾아오는 쓸쓸함 등에서 벗어나 나를 살리는 지혜의 샘물을 발견할 수 있을지도 모른다.

하지만 21세기 우리 사회는 조선의 유교 사회가 던져 준 병폐 때문에 주변에는 성리학을 부정하고 심지어 사서삼경을 읽어볼 가치가 없다고 여기고 부정하는 이들이 꽤 많다. 물론 조선의 정신세계를 찬란하게 수놓았던 주자학은 이념에 치우쳐 조선을 시대의 흐름에 뒤떨어지게 했다. 그 업보는 여전히 한국 사회의 곳곳에서 우리의 앞길을 가로막는 걸림돌로 작용하는 듯하다. 단적인 예로 권력이 사회의 모든 분야에 우선하고, 실용보다는 겉으로 드러나는 명분을 더 중요하게 여기는 공리공론, 이념의 과잉 등이 대표적인 현상이다.

성리학의 종주인 주자가 편찬한 사서집주 중 하나인 「논어집주」는 논어를 읽어가는 과정에서 만나게 되는 하나의 이정표이자 장애물일 수 있다. 주자의 집주가 고루하다고 여겨 치워버리기에는 그가 구축하려고 한 '성리性理'의 세계는 참으로 넓다. 주자 이후에 나온 대부분의 논어 주석서들은 주자의 관점을 보완했다고 해도 과언이 아니다. 여태껏 주자 주해의 일부분을 들어 비판하면서도 막상 그가 구축한 광대한 '지知'의 세계를 전반적으로 뛰어넘는 저작은 드물었다.

과연 그가 남긴 「사서집주」나 「주역전의」를 제대로 읽어 본 사람이 얼마나 될까. 「논어와 「논어집주」를 깊이 읽어보지도 않으면서 역사적으로 나타난 현상이나 폐단만을 보고서 공자」를 비롯한 유학의 종주들이 남긴 지식의 열매를 버리기에는 그들이 이룩한 사유의 강은 깊고도 넓다. 그들이 긴 세월 동안 구축한 그 세계로 문을 열고 들어가야만 참된 면목을 볼 수 있을 것이다. 하지만 기껏 문 앞을 기웃거리다가 별것이 없다고 말하며 돌아선다. 그것이 동양고전에 접하는 우리들의 현실이라고 하면 지나친 말일까.

춘추전국시대 제자백가들의 사유의 샘물이기도 한 논어를 풀이한 책들은 지나칠 정도로 다양하고 많다. 역사의 퇴적층에서 쏟아져 나왔던 저작물들은 각각 깊이와 넓이를 갖추고서 그 시대의 고민을 해결하고자 한 노력의 산물이다. 그 많은 책을 배움이 얕은 역자가 모두 읽어본다는 것은 능력의 밖이다. 다만 최근에 나온 논어 번역서를 읽다 보니 몇 가지 유형으로 분석되었다. 논어집주를 전통적인 방법으로 풀이했거나, 역대 논어 해석에 대한 성과를 자기 관점에서 비판하여 실체에 가까이 가려고 했거나, 철학서로 보고 자기의 철학적 개념으로 해석했거나, 풍부한 인생 경험을 토대로 인생의 이야기책으로 설명했거나, 원문의 문장구조를 살펴 원문의 뜻을 충실하게 풀이한 것 등이다. 그 외에도 지극히 자기의 주관적인 느낌으로 설명했거나, 교양이나 상식적으로 풀어낸 것도 있었다.

공부의 과정은 험난했다 논어의 원문과 주자의 『논어집주(성백호 역주)』를 처음 한학을 배우는 심정으로 한글로 입력하고 한자로 변환시킨 다음 단어를 찾고 문장구조를 살펴보고 이해하면서 다른 책을 참고하여 번역하였다. 여기에 논어와 다른 글과의 관련성을 덧붙여보고자 하였다. 특히 주역은 복희가 획을 긋고 문왕이 괘사卦辭를, 주공이 효사爻辭를, 공자가 십익十翼을 지었다고 하는 큰 글이다. 그런 흔적을 논어에서는 겨우 두 군데에서만 찾아볼 수 있다. 지푸라기라도 잡는 심정으로 논어와 주역을 억지로나마 연결해 보고자 하였다. 다음에 공자의 100년 정도 후학인 맹자가 지은 「맹자」와 공자의 손자인 자사가 지은 「중용」, 공자와 비슷한 시대 사람으로 공자가 3번이나 찾아가 예를 물은 노자의 「도덕경」, 예禮의 집대성인 「예기」와의 관련성도 찾아보려고 하였다. 비록 편자는 철학이나 한문을 전공하지 않았지만 틈나는 대로 논어 읽기를 통해 생각의 단서를 조금 얻었기에 그 자취를 드러내 보이는 것이다. 이 과정이 마치 인생의 의미를 찾는 수련의 과정과 같다고 여겨지기도 했다.

남의 관점이 아닌 자기만의 관점으로 논어를 바라보기 위해서는 꼭 원전으로 읽어보아야 한다. '나만의 책'은 자기 관점으로 논어를 해석하고픈 사람들에게 풀이의 근거를 알 수 있도록 단어와 문장구조 등을 비교적 상세히 기술하였다. 독자들은 원문을 읽고 주자의 집주를 읽으면서 공자와 제자들이 나누었던 이야기가 먼 이야기가 아닌 여전히 오늘날의 우리 이야기임을 알 수 있을 것이다. 지금처럼 정신문명이 혼란스러웠던 시대의 흐름 속에서 논어를 새로운 관점으로 풀이하여 사상체계를 세우고자 노력했던 주자를 비판적으로 극복하고, 각자의 새로운 눈으로 논어를 풀이해 보는 데 이 책이 조금이라도 도움이 되었으면 하는 바람이다.

지금 세상은 자기만의 위로가 필요한 시대다. 시중에는 위로해 주고자 하는 책들과 잠시나마 힐링을 안겨주는 강의가 많다. 모두 그들만의 관점으로 타인에게 잠깐 빛을 비추어 줄 뿐이다. 하지만 자기만의 관점이 없으면 늘 마주치는 경계마다 헷갈리고 흔들리게 된다. 논어를 읽고 해석하다 보면 삶과 죽음에 관한 불안, 미래에 대한 불안, 부와 명예, 나와 남과의 관계 등에 대해 자신만의 관점을 가질 수 있으리라. 외물에 대해 갈구하는 마음이 줄어드니 험난한 세상에 휘둘리지 않는 마음의 중심을 세울 수 있는 것도 논어 읽기의 덤이다.

물론 논어는 인간과 사회를 구조주의적인 관점으로 본다. 그 틀 안에서 각 개인들의 유기적 관계를 통한 예禮의 회복을 전제로 한다는 점에서 긍정과 부정이 혼재되어 있다. 아쉬운 점은 우리를 둘러싼 환경에 대한 인식이 지나칠 정도로 인간중심이어서 인간과 자연의 관계 설정에 아쉬운 점이 있는 것도 사실이다. 하지만 혼란스럽고 불확실한 인간관계를 맺고 살아가는 이 시대에 관계성에 대해 분명 깊은 울림과 밝음을 던져줄 수 있을 것이다.

이 글이 나오기까지 국내에서 나온 저술에 힘입은 바가 크다. 「현토 완역 논어집주(성백효)」는 원문에 충실한 번역서이다. 「논어한글역주 1,2,3(김용옥)」는 기독교와의 조감을 통해 논어를 보는 시야를 넓혀주었지만 할 말을 다 못하고 마친 듯했다. 「논어역평1,2(조명화)」은 논어와 관련한 기존의 연구 성과를 폭넓게 비교하여 평석하였으나 비판적 관점이 앞서다 보니 숲길의 미로를 더듬는 것 같아 오히려 논어라는 책의 재미를 반감시킨 것 같았다. 「알기 쉬운 논어강의 상,하(남회근)」는 논어 경문을 이야기 형태로 역사적인 함의를 담아 이해하기 쉽게 전달해주었다. 「완역 논어집주(김창환)」는 논어집주에 나오는 글과 다른 책을 폭넓게 연결해 보려고 시도하고 있다. 「논어의 문법적 이해(류종목)」는 논어 경문을 정밀하게 보는 데 도움이 되었다. 일본 학자가 지은 「공자평론」과 「공자전」도 공자의 일생을 이해하는 데 도움을 받았다. 그 외에도 몇몇 논어 번역서나 해석을 참고했지만 일일이 다 소개해 드리지 못해 양해를 구한다.

이제 겨우 '위기지학爲己之學'이라는 배움의 길에 접어든 사람이 너무 말을 많이 쏟아낸 것 같다. 노자는 아는 자는 말하지 않고 말하는 자는 알지 못한다고 했다. 좀 더 숙성의 과정을 거쳐 드러내야 하지만 지렁이가 토해내는 한 줄기 배설물이 토양을 부드럽게 하는 것에 빗대어 스스로 위로해 본다.

부록 2

노자 도덕경을 따라간 자취

 서른 살 남짓부터 「노자」라는 책을 취미 삼아 보았으니 햇수가 어느덧 제법 되었다. 전문적으로 공부한 것은 아니지만 틈틈이 시중에 나온 책들을 읽어보고 강의를 듣고 유튜브를 보았다. 노자라는 책은 다가가면 갈수록 늘 세상의 흐름과 한발 비껴있다는 느낌이 들었지만 허전한 마음을 달래는 묘한 매력이 있었다.

 노자는 신화와 역사가 섞여 있는 아지랑이 같은 사람이다. 물론 그는 사마천이 「사기」 '노자·한비열전'에서 밝힌 것처럼 성은 이李 이름은 이耳 자는 백양伯陽 시호는 담聃으로 초楚나라 고현苦縣 여향厲鄉 곡인리曲仁里에서 태어난(B.C585.2.15) 역사적 인물이라 할 수 있다. 그는 주나라가 서융의 침략을 피해 도읍을 호경(지금의 서안)에서 낙양으로 옮긴 동주東周 시대에 태어났다. 그의 지위는 수장실守藏室의 사관이었다. 수장실은 단순히 전적만 관리하지 않고 문화의 전승은 물론 역사·천문·지리·역법까지도 주관하였을 것이다. 그는 도서관에 비치된 수많은 고대 전적을 읽고 자신의 사상을 키워나갔다. 「사기」

'노자·한비열전', 「노자전」, 「공자세가」에 의하면 공자가 젊었을 때 노자를 3번이나 찾아가 예를 물었고 「예기」 '증자문'에는 4번이나 노담에게서 예禮를 들었다는 기록이 있다. 노자는 공자보다 출생이 약 30여 년 빠르지만 거의 동시대 사람이라 할 수 있다.

※ 중국인이 중화를 기준으로 본 이민족 : 서융, 북적, 동이, 남만

「사기」에 의하면 노자는 마침내 도가 다한 주周나라를 떠날 결심을 하고 서역으로 길을 나선다. 낙양에서 서쪽으로 가기 위해서는 먼저 함곡관을 통과해야 한다. 노자가 관문에 이르기 전에 관령인 윤희는 하늘의 상서로운 기운을 보고서 뛰어난 사람이 이곳을 지나갈 것임을 안다. 그는 노자를 만나자마자 그에게 후학을 위해서 글을 남길 것을 요청한다. 이렇게 해서 인류의 지성사에 횃불처럼 찬란히 빛나는 「노자 도덕경」이 출현하기에 이르렀다. 일설에 의하면 관윤은 노자의 제자이고 노자는 지금의 함곡관을 지나 촉 땅으로 갔다는 이야기도 전해진다.

「도경道經」에는 그 사건과 관련한 「西昇經」이라는 책이 있다. 송宋나라 때 무슨 영문인지 몰라도 주자가 태극도를 구하기 위해 제자를 촉 땅으로 보냈고 이때 그것을 찾았다는 이야기가 전해진다. 성리학의 뿌리인 태극도설의 태극도가 도교의 성지인 화산의 도사인 진단陳摶의 '무극도無極圖'에서 유래되었기에 노자, 성리학, 그리고 주역은 서로 관련이 있을 개연성은 충분하다. 실제로 노자에는 주역적 사유인

불역不易 · 변역變易 · 이간易簡이 짙게 스며 있다. 아무튼 노자는 태어나는 과정에서부터 서역으로 떠나간 뒤의 소식까지 수수께끼 같은 인물이다.

※ 관중평원에는 4개의 관문이 있고 동쪽에는 하나 더 있는데 이를 함곡관이라 한다.
※ 성리학의 시원인 주돈이의 太極圖說은 無極而太極으로부터 시작하고, 無極은 노자에 나온다.

나는 도덕경 81장을 함곡관에서 노자가 한 번에 짓지 않았을 것으로 조심스레 미루어 생각해본다. 논어에 공자의 말씀을 제자가 듣고 혁대나 옷 등에 기록했다는 이야기가 나오며, 논어라는 이름은 공자 사후 100년쯤 지나서 등장한다. 마찬가지로 고매한 덕과 학식이 있는 노자의 말을 듣기 위해서 많은 지식인이 방문하고 이야기를 나누었을 것이다. 그리고 그의 말씀을 어딘가에 기록했을 것이다. 물론 기록에는 나오지 않고 추측만 할 뿐이다. 노자가 한 말들은 많은 사람에 의해서 전해지다가 어느 때 책으로 묶여 유포되었을 것이다. 그런 파편들이 후세에 정리되고 보태지면서 편찬되지 않았을까. 그러다가 서한 때 하상공河上公이라는 사람에 의해 목차와 장구가 나누어진 후 주석이 붙여졌고 이어서 위 · 진 시대의 왕필에 의해 주석되면서 「노자 도덕경」이 세상에 널리 알려지게 되었다. 통행본에는 「왕필본」 외에도 여러 판본이 있지만, 편집체제에서 큰 차이가 있는 것은 아니다.

1973년 중국 초나라 땅 호남성 장사 지역 마왕퇴란 고분에서「노자 백서본」이 출토되었다. 1993년 호북성 형문시 곽점촌에서「노자 죽간본」이 발견되었다. 추정연대는「죽간본」이 춘추시대 말엽,「백서본」이 전국시대 초·중엽까지 거슬러 올라간다.「백서본」은 지금의 도덕경과 달리 덕도경 체제로 되어 있고,「죽간본」은 81장 전체가 기록되어 있지 않고 통행본의 약 5분의 2인 2,046글자, 37장만 기록되어 있다.

「죽간본」에는 갑조·을조·병조가 있고 이들 또한 성립연대가 다르지만 비교적 노자의 초기 사상을 담고 있다. 하지만 특이하게도 노자의 유명한 제1장인 '도가도' 장이 없다.「백서본」은 성립연대가 다른 갑본과 을본(邦자와 恒자가 諱되어 國과 常으로 바뀜)이 있으며 모두 덕장德章이 먼저 나오고 도장道章이 뒤에 나오며 통행본 제1장인 '도가도'장은 제45장으로 나온다.「백서본」에는「죽간본」에 없는 '欲'자와 '必'가 들어있어 정치적 및 철학적 함의가 담겨 있으며 문체에서도 분명한 차이가 있다. 어찌했던「죽간본」,「백서본」과「왕필본」으로 대변되는「통행본」은 상호보완적 연결고리가 있으나 이들의 관계가 어떠한지는 학자들의 연구 성과를 기다려보아야 할 것이다. 그렇다고「죽간본」이 진짜고「백서본」이나「통행본」은 노자의 저작이 아니라는 관점도 성립되지 않는다. 각각의 판본은 성립연대가 다를지 몰라도 전승 방식에 따른 차이로 인한 것일 수도 있고 서로 보완해서 해석해야 할 부분도 많기 때문이다. 노자를 연구하는 학자들은「왕필본」은「백서본」계통이라고 주장한다. 최근의 노자 연구에 의하면「사기」에서 언급된 노담·노래자·태사담의 관계에 대해 공자가 만난 노담은 「죽간본」의 저자이고 태사담은 「백서본」의 저자라고 추정하기도 한다.

※ 호북성과 호남성은 양자강 중류지역으로 동정호를 기준으로 북쪽은 호북 남쪽은 호남이다.
※ 휘諱 : 왕이나 성인과 같은 이름을 피하거나 꺼려 글자를 바꾸거나 부르지 않는다.

「노자 도덕경」이 도경과 덕경으로 나누어져 있다고 해서 도경과 덕경이 엄밀하게 구분되는 것은 아니다. 단지 도경이 '道可道'로 시작하고 덕경이 '上德不德'으로 시작된다는 차이가 있는 것 말고는 구분되어야 할 뚜렷한 차이가 있다고 생각하지 않는다. 어떻든 「통행본」은 '道'에서 시작해 '不爭'으로 끝을 맺으니 노자의 핵심은 천지자연인 도의 덕을 닮은 물처럼 다투지 않는 무위의 삶을 가르치는 것이 아니겠는가.

'나만의 노자'는 학술적인 측면에서 노자의 사상을 밝히기 위한 이유로 지은 것은 아니다. 노자를 원전으로 읽고 싶은 사람들에게 마중물을 주고 싶은 목적이 크다. 번역하는 과정에서 기존 주석가의 관점을 반영하였으며 해석에 어려운 점이 있으면 앞선 연구자의 성과를 참조했다. 「백서본」과 「죽간본」에 대한 이해는 이석명의 「역주 노자」와 김충열 교수의 「노자강의」를 참조했다. 그외 감산 선사의 「老子 道德經 解」 김학목의 「노자 도덕경 왕필주」, 보만재 서명응의 「도덕지귀」,

용연자의 「道德經 講義」, 하상공의 「老子河上公章句」, 도올 김용옥의 「노자가 옳았다」, 장지청의 「道德經全解」, 김학목의 「초원 이충익의 담노 역주」, 초횡약후焦竑弱侯의 「老子翼, 이현주 번역」 등을 참조했다. 무엇보다 중국 남회근 선사가 이야기식으로 풀어 쓴 〈노자타설〉이 많은 참고가 되었다.

   나만의 노자의 번역에 쓰인 판본은 도교 청정파 계통의 용문파 송 용연자宋龍淵子 진인이 쓴 〈도덕경강의〉의 경문을 토대로 하였다. 이 책은 장마다 총론과 각 문단에 대해 매우 자세한 풀이를 하고 있다. 도덕경 전체에서 체득하기에 가장 난해한 부분이 제1장이고 그중에 '妙'와 '徼'의 의미는 수행과 관련되어 있어서 체득하기 어렵다. 많은 사람의 주석서를 봐도 그냥 어물쩍 넘어가고 있다. 도덕경을 황로학 계통의 정치학으로 보고 풀이한 책들은 말은 그럴듯하나 알맹이가 없는 듯하고 도교의 진인을 비롯한 수행자들은 언어의 한계성으로 인해 그 뜻을 다 드러내지 못한 듯했다. 결국 저자의 수행이 뒷받침되어야 자기 색깔로 풀이할 수 있는데 저자 또한 그저 배워서 종류대로 모으고 물어서 아는學以聚之 問以辨之 수준에 지나지 않아 미루어 짐작할 수밖에 없는 한계임을 밝힌다.

※ 學以聚之 問以辨之에서 학문이란 이름이 나왔으며 주역周易 건괘乾卦 문언전文言傳에 나온다.
※ 黃老學 : 중국 한나라 때 청정무위를 바탕으로 유행했던 사조로 황제와 노자를 추존하여 합쳐 부른 이름이다. 대표적인 책으로 황제내경이 있다.

고대에서부터 현재까지 철학이나 종교사에서 여성과 함께 다투지 않는 덕을 중요시 여긴 이는 아마 노자가 거의 유일할 것이다. 노자는 도의 '메타포'로서 갓난아기 통나무 골짜기 여성물 등을 언급하고 있다. 노자는 딱딱하고 강한 것이 아닌 부드럽고 연약한 것이 도의 본질이라고 주장한다. 무엇보다 노자는 물의 특성에 주목하여 도의 덕을 물에 비유했다. 물과 관련하여 많은 장마다 물의 덕을 함축하고 있다.

아무튼 약육강식의 춘추전국시대, 강한 것을 추구하는 시대 분위기에서 노자가 물의 관찰에서 깨달은 '柔弱'과 '不爭'은 현대 경쟁사회에서도 큰 울림을 주고 있다. 노자는 세 가지 보물을 말했다. '자애로움' '검소함', '겸손함'은 불안정하고 불확실한 현실에서 스스로 뒤돌아보고 자기를 지킬 수 있는 소중한 덕목이라고 생각한다.

※ 노자 제8장에서 도의 덕인 최고의 선을 물과 같다고 하였다(上善若水).
※ 죽간본과 함께 출토된 太一生水론은 우주발생론을 담고 있다.

동아시아 문화는 노자와 많은 관련이 있다. 도연명의 귀거래사, 이백을 비롯한 수많은 문인의 한시, 문인화, 동양의 역사에서 나타난 문학은 노자의 영향에서 벗어날 수 없다. 노자의 물을 메타포로 한 유약, 겸손 등은 문학적 상상력, 서정성과 관찰력을 키울 수 있어 문학의 향기는 물론이거니와 글의 품격을 끌어 올릴 수 있다. 서구에서도 쇼펜하우어, 니체, 루소, 하이데거 등 많은 사상가가 노자에 의해 영향을 받았고 톨스토이는 프랑스어로 된 노자를 러시아어로 번역하였는데 그게 다시 한국어로 번역되었다. 한국 기독교에서도 다석 유영모,

함석헌, 박영효, 장일순, 이현주 목사 등이 한국적 신학의 바탕에서 노자를 풀이했다. 불교계에서는 서역불교가 한자문화권에 처음 들어올 때 노장사상이 이를 이해할 수 있는 바탕이 되어 '격의불교格義佛敎'를 낳았다. 감산, 탄허 스님 등은 직접 노자를 주석하였다. 조선 시대 유학에서는 율곡의 「순언」, 서계 박세당의 「신주 도덕경」, 홍석주의 「정노」, 보만재 서명응의 「도덕지귀」, 초원 이충익의 「담노」 등이 있다.

왜 이 시대에 노자 읽기가 필요한가. 사람들의 욕망을 충족시키기 위해 경제성장률을 높이고 소비를 부추길 수밖에 없는 자본주의 체제에서 대상으로서의 자연은 훼손이 불가피하다. 또한 SNS 등으로 사회가 연결될수록 오히려 개인의 소외감은 더욱 커져만 가고 있다. 지금 우리가 마주하고 있는 기후 위기, 약자의 무력감 등 현대 소비사회가 안고 있는 여러 병폐를 치유하기 위해서는 단순하고 소박한 삶을 추구하는 노자의 깊은 사유에 귀 기울여 봄직하다. 시대가 불안하고 불확실할수록 오히려 세상을 비껴있는 듯하면서 세상의 지혜를 머금고 있는 「노자 도덕경」은 문명이 지속되는 한 큰 쓰임이 있다고 생각된다. 막막할 때 노자를 읽으면 마음이 한가롭고 풋풋한 기분이 드는 것은 또 다른 노자 읽기의 기쁨인 것 같다. 노자는 시대를 정면으로 응시하지 않고 비껴있는 듯해서 마치 노을이 물드는 시간에 읊조리는 노래와 같다.

시중에 나온 대부분의 노자 서적은 자기만의 관점에서 해석한 것이기에 노자를 공부해도 나만의 관점을 정립하기 어렵다. 노자는 북방

쪽의 논어와 달리 황하 이남인 초나라의 운문체로 시적인 문체를 가지고 있다. 그렇기에 해석에 다의성이 많아 저자마다 해석이 다르고 무엇보다 해석의 기준이 제시되지 않고 있다. 저자는 10여 년간 경문을 읽고 컴퓨터에 입력하고 역자 본인의 관점으로 단락을 나누고 단락마다 중요한 단어나 의미에 대해 해석하면서 해석의 근거를 만들려고 시도했다.

저자는 전문적인 노자 연구자가 아니다. 그러기에 노자가 말하고자 하는 뜻을 최대한 상식적인 수준에서 이해할 수 있는 말로 풀이하려고 했다. 다른 사람이 쓴 노자는 대부분 그 사람의 해석이고 때론 자신의 관념을 노자에 기대 현실을 진단한다. 그래서 노자를 읽어도 황노학 계통의 정치학, 양생서, 병법서, 도교 계통의 수련서로 나타나는 등 학자에 따라 풀이에 많은 차이가 난다. 이 책은 원전을 통해 노자를 읽어 '자기만의 노자'를 만들려고 하는 사람을 위한 책이다. 당연히 노자를 읽어도 자기의 것으로 만드는 데 아쉬운 사람들에게 마중물이 되었으면 하는 바람이다. 천학비재인 저자가 노자의 번역서를 낸다는 것은 어쩌면 저자의 역량으로 턱없이 버겁지만 공부하는 과정에서 늘 아쉬웠던 점을 책에 담았다.

노자라는 책은 어떻게 보면 학자들의 해석을 통해 이해하기보다는 원문과 번역문을 함께 보고 직접 음미하는 것이 가장 좋은 공부 방법이라고 생각한다. 노자는 개인의 수양에서 시작해 사람과의 관계, 자연과의 관계까지 포괄한다는 점에서 각자의 관점으로 원문을 해석할 수 있도록 열려 있는 책이다. 노자는 정치를 담당했거나 해보려고 하지 않은 혼융混融한 사람이다. 그런데 「노자 도덕경」을 마치 정치를 위한 책으로만 받아들이고 분별심으로 현실의 정치를 논하는 것은 아이러니다. 도교에서도 노자를 떠받들어 태상노군이라 하고 도덕경을 「도덕진경」이라 부르는데 소박한 노자를 왜 떠받들고 있는 것인지 의아하다.

노자는 은둔자다. 시대가 자기를 비껴가고 있음을 알았기에 세상의 시비에 초연하고자 했다. 그는 오천여 글자를 담담하게 남기고 말없이 진세塵世를 떠났을 뿐이다. 노자를 정치서로 읽든지 어떻게 해석하든지 밑바탕에는 먼저 물과 같은 사람이 되기를 요구한다. 주역 64괘 중에서 어떤 괘효를 뽑더라도 좋거나 나쁘다고 하기 전에 먼저 군자가 되기를 요구하는 것과 마찬가지다. 그래서 주역은 결국 길흉을 점칠 필요가 없게 만드는 수양서라고 말하는 것이 아니겠는가. 마찬가지로 노자도 다투지 않는 성인이 되게 하는 책이라고 할 수 있을 것이다.

세상 풍경은 조선을 망친 당쟁처럼 시끄럽다. 세상 시비의 물결에서 벗어나고 싶을 때 조용히 노자를 읽으면서 세상을 관조해보자. 나는 「노자 도덕경」을 시대의 물결이 자기와 엇나가고 있음을 받아들이고 나서 바닷물이 기화하여 하늘로 올라가듯이 다툼이 없는 물의 도를 설파한 책으로 받아들이고 싶다.

김태열 수필집

먼지 속에 이는 바람

ⓒ김태열, 2024

발 행 일	2024년 11월 15일
지 은 이	김태열
발 행 인	이영옥
펴 낸 곳	도서출판 이든북
출판등록	제2001-000003호
주 소	대전광역시 동구 중앙로 193번길 73
전화번호	(042)222-2536
팩시밀리	(042)222-2530
전자우편	eden-book@daum.net
공 급 처	한국출판협동조합
주문전화	(02)716-5616
팩시밀리	(031)944-8234~6

ISBN 979-11-6701-319-4 (03810)
값 13,000원

* 잘못된 책은 바꾸어 드립니다.
* 이 책 내용의 일부 또는 전부를 재사용하려면 반드시 저자와
  이든북 양측의 동의를 받아야 합니다.

* 이 책은 2024년도 대전광역시 대전문화재단에서 사업비 일부를
  지원받아 발간하였습니다.